# 智汇 | 创

## WISDAN

# 新

电通安吉斯集团 — 著

学林出版社
www.xuelinpress.com

**图书在版编目（CIP）数据**

智汇·创新／电通安吉斯集团著．－上海：学林
出版社，2016.8

ISBN 978-7-5486-1118-9

Ⅰ．①智… Ⅱ．①电… Ⅲ．①品牌战略－案例－世界
Ⅳ．① F279.1

中国版本图书馆 CIP 数据核字（2016）第 198686 号

## 智汇·创新

著　　者——电通安吉斯集团
责任编辑——叶　刚
装帧设计——朱云雁
封面设计——姚　毅
出　　版——上海世纪出版股份有限公司 学林出版社
　　　　　　地　址：上海市钦州南路 81 号
　　　　　　电　话／传真：021-64515005
　　　　　　网　址：www.xuelinpress.com
发　　行——上海世纪出版股份有限公司发行中心
　　　　　　地　址：上海市福建中路 193 号
　　　　　　网　址：www.ewen.co
印　　刷——浙江新华印刷技术有限公司
开　　本——787×1092　1/16
印　　张——5.5
字　　数——50 千字
版　　次——2016 年 8 月第 1 版
　　　　　　2016 年 8 月第 1 次印刷
书　　号——ISBN 978-7-5486-1118-9 / G·430
定　　价——36.00 元

# 智汇｜创新
## WISDAN 新

**策划 Curator**

山岸纪宽 Motohiro Yamagishi

**执行策划 Executive Curator**

汪文 Wendy Wong

**采编 Editorial（按中文姓氏字母顺序排列）**

| | |
|---|---|
| 陈航宇 Spencer Chen | 庞若仕 Alessandro Pang |
| 陈良怡 Meg Chen | 彭雅梅 Sabrina Peng |
| 陈晴 Elaine Chen | 平静 Jing Ping |
| 陈雯 Angela Chen | 沈丽丽 Lily Shen |
| 陈盈秀 Florence Chen | 王丹 Diana Wang |
| 丁玉亭 Yuting Ding | 王钦 Ivy Wang |
| 胡丹丹 Dandan Hu | Sarah Weyman |
| 黄欣雨 Rain Huang | 肖春俏 Rachel Xiao |
| 姜燕佳 Vicky Jiang | 徐凌翔 Jason Chee |
| 李琳琳 Lynn Li | 薛倩 Qian Xue |
| 李明明 Emily Li | 杨洁 Ava Yang |
| 李倩 Queenie Li | 杨佩蓉 Peirong Yang |
| 林真 Jane Lin-Baden | 张君 Jun Zhang |
| 刘雯婷 Ellen Liu | 张晔 Crystal Zhang |
| 卢日新 Rixin Lu | 赵园园 Chloe Zhao |
| 马亦农 Yinong Ma | 仲翔晖 Simon Zhong |

**特约编辑 Contributing Editor**

杨小薇

**设计 Design**

朱云雁 Yunyan Zhu

**制作**

维格文化

# 目录
## Contents

# 洞察 Insight

### 21　当90后跨入社会主流，他们如何消费媒体

90后已进入社会主流，并成为消费主流，凯络的《90后媒体消费报告》深入解析了90后的媒体消费行为，与媒体的关系和互动方式，乃至他们的价值观和生活方式：网络是他们最信赖的媒体，成为他们的情感归属；他们是电影的核心消费人群，是在线视频的重度用户，更是社交网络的主力军；他们在长尾媒体、音乐、阅读与内容上都具有深刻的代际特征。

### 29　大数据精准营销 将不可能变为可能

大数据的渗透与"互联网+"的席卷打破了一切销售方法的格局，将许多不可能变为可能。电通数码积累了丰厚的业务经验，创立了"营+销"理念，并围绕大数据全链路进行全维度布局，独立研发出了实效进阶性数字营销整体解决方案，化解了消费者数据收集、数据匹配、数据分析和数据应用等数字营销难题，做到优化广告ROI、提升精准化营销效率。

### 37　透视车与人——电通中国汽车消费者调查

北京电通的《电通中国汽车消费者调查》揭示了消费下沉过程中中国汽车市场与消费者全貌，并且勾勒出七大区域汽车消费群体特征。与这份报告相伴而生的汽车消费者基础信息数据库是电通独有的完整单一来源数据库，作为第一次跨数据库的尝试，它借助数据融合与交叉分析等手段，成为深度研究汽车消费行为的数据库。

## 📢 观点 View

## 🔄 趋势 Trend

# 山岸纪宽：超越广告

在数字经济时代，万物互联的物联网（IOT）革命改变了商业模式，促发产业融合的同时也加深了生活的数字化，任何行业都不能置身于技术、数据之外，广告行业更是如此。一直以来，电通安吉斯集团Dentsu Aegis Network（DAN）都在强调"超越广告（Beyond Advertising）"，并且制定了2020年实现业务100%数字化的战略目标。要如期实现这一目标，必须仰仗创新，然而创新并不是空中楼阁，它需要坚实的支撑，因此，集团为实现创新设定了内容、技术和数据三大方向。

在访谈中，电通安吉斯集团中国首席执行官山岸纪宽详细解读了如何实现内容、技术和数据三大驱动下的"开放式创新"。同时在他看来，"人"仍然是创新的重要资产，培养和储备能够覆盖内容、技术、数据和创意全领域的全面人才将成为重中之重。

**Q** 访谈者  **A** 山岸纪宽

## 创新铁三角——内容·技术·数据

**Q** 电通安吉斯集团（DAN）在全球提出内容、科技、数据三个主要创新方向，是基于什么考量？这与传统广告公司有什么不同？

**A** 社会、产业和生活进入数字经济时代之后发生了巨变，特别是科技发展促使内容和数据都产生了变化，也为我们带来了更多的商业机会，广告公司能够为品牌提供的服务和支持变得更多、更深、更广。我们可以参与品牌的整个价值链，而不局限于传统意义上的传播和沟通，这就是DAN一直强调的Beyond Advertising。

DAN作为全球领先的传播集团，在全球市场范围内，把内容、科技和数据设定为三大创新方向。虽然全球各个市场的发展速度和商业环境不太一样，但创新的三个方向是共通的，我在中国感受到了同样的需求。

内容、技术和数据的功能已经发生了颠覆性变化，数据成为企业最基本的资产，是帮助我们了解消费者的基本要素，也是非常重要的创新要素。

此外，由于科技要素的加入，消费者与品牌之间的连接方式变得非常不同。比如，不少消费者在日常生活中已经惯于线上甚至移动支付和购物，这使得他们的生活产生很大改变，这就是技术带来的变化。

另外，随着可供选择的内容越来越多，消费者变得更为挑剔，因此优质内容在提升消费者黏性和促进消费者主动再次传播上变得愈发重要，内容成为吸引消费者的重要要素。以前，只有电视可以收看内容，现在有PC、手机、平板等多种渠道，只要有好内容，消费者就会从不同渠道获取。因此衡量内容的指标不再是单一的收视率，目前在中国较受欢迎的电视节目收视率在3%~4%左右，但它们在第二天网络播放率可以达到数亿。

作为代理商，我们致力于连接品牌和消费者，形成紧密的合作伙伴关系。因此要想在数字经济时代赢下去，必须在与消费者密切相关的内容、技术和数据三方面进行创新。在如今的商业环境中，企业没有创新就不可能进步，甚至无法继续生存。实际上，有数据证明：过去10年中，世界500强企业消失了一半，我认为其中很重要的原因是：它们没能很好地应对数字经济，没有改变自有模式，缺少变革与创新。

**Q** DAN在全球提出"到2020年实现业务100%数字化"的战略目标，制定这个目标的原因是什么？现在距离2020年已不到5年，这一目标给DAN中国业务带来哪些挑战？

**A** 现在，整个社会、行业和企业的方方面面都渗透着数字，人们的生活方式也越来越数字化，所以DAN在全球制定了这个战略目标。

目前，我们在中国的数字化业务占比已超过50％，还没有达到数字化的业务大多是传统广告公司所从事的创意和促销（promotion）等业务，但这些业务已经渐渐开始向数字化发展。比如，我们在创意和促销业务中加入新的理念、使用数据和技术，让这些业务更符合数字经济时代的要求。

要实现业务100%数字化目标，我觉得两方面很重要：一是实现内容、数据和技术三个创新方向的变革；同时要不断培养能够覆盖全部创新领域的全面人才。

**Q** DAN在中国将采取哪些战略以实现这一目标？

**A** 在中国，DAN旗下拥有21个业务品牌，各个品牌都有自己的专业特长。我们将采用统合运营的模式，通过搭建有效的数据平台，更好地联结客户与消费者，为客户提供整合传播服务。之所以要采用统合运营的模式，是因为如今很多客户的问题已经无法通过一个专业公司就能得到解决，而是需要多个业务品牌合作，一起帮助客户解决营销和传播问题。比如，仅有好的媒体展示方案，品牌与消费者仍不能实现更好的连接，还需要好的创意、更多的数据或者新技术，因此我们非常注重在各个品牌之间实现合作，通过合作给客户提供全面营销解决方案，提供更多的价值和更好的服务。要实现这个目的，需要建立各品牌协同合作的机制与模式，统合运营的模式就是各品牌合作的运营模式；数据平台是我们构建的物理平台，它将DAN旗下各品牌的数据集合在一起。

我们已经有很多由各品牌合作为客户提供全面营销解决方案的成功案例。我对统合运营的模式非常有信心。

**Q** 您提出"新内容营销是以内容为导向"，这一理念的内涵是什么？它将对行业产生什么影响？

**A** 这是我在思考"到底什么才是变革"后，针对内容创新提出的理念。过去，传统内容营销是在现有的内容里加入广告，比如在电视节目的前后时段播放广告；如今，新内容营销需要我们直接加强与内容供应方的合作，共同探讨如何让品牌在内容里既得到更好的体现，同时对消费者而言，又能够更理解品牌。

在以内容为导向的新内容营销时代，以前横亘在内容制作方和代理商之间的壁垒将会消失，两个行业会互动融合在一起。现在，已经有不少新内容营销的经典案例是由曾经的电视台内容制作人员自己创立的独立内容创作公司，和广告公司一起合作制作的。如今，我们在中国已经开始了新内容营销的工作，当然这也不会一蹴而就。

**Q** 在今年5月举办的2016亚洲消费电子展（CES Asia）上，DAN带去了12项创新消费电子技术，您觉得代理商研发的技术与IT企业推出的新技术之间有什么区别？

2016亚洲消费电子展，电通安吉斯集团THE NEXT WAVE展台开展仪式

**A** 我们在CES展上向大众传递的信息是：DAN一直强调"Beyond Advertising超越广告"—— 我们做的事不仅仅是广告那么简单，而是要开拓更多的技术可能性。我们不仅拥有这些技术，还希望展示我们在如何拓展技术的更多可能性，以实现与消费者之间的更好连接。我觉得这是代理商进行的技术研发与IT企业推出的技术之间的区别。我们通过技术寻找消费者真正喜欢的东西，在知道他们喜好的基础上，向他们推荐更多适合的商品或服务，进而在消费者与品牌之间建立更深入的关系。

**Q** 这次DAN在CES Asia展示的12项技术中，哪些让您觉得眼前一亮？

**A** 这12项新技术都很好，我个人尤其喜欢两个展品：一个是UMOOD，它是一项店内活动创意，通过脑电波分析确定顾客心情，根据他们的心情推荐商品。这是世界上第一个通过脑电波数据进行商品选择的工具。它与我们去年带到CES Asia的Emotion Analyzer —— 通过脑电波实时读取情绪，是一脉相承的技术，但是今年这项技术的展出不仅仅停留在分析消费者情绪的阶段，还能通过这种分析向消费者推荐商品，从而实现更有趣的互动。

我喜欢的另外一个展品是：Smile Explorer，这款智能婴儿车是一款探索物联网将如何影响我们居住的社会并如何成功寻找到尚未接入网络的创新产品。车上的摄像头不仅可以拍摄婴儿的笑容，还可以进行很多创新拓展，比如通过它携带的GPS，我们可以知道母亲带孩子的行走路线、平时的活动范围，可以把这些数据应用到如何给妈妈和孩子们设计更舒适的生活环境上，还可以创造出新服务方式或者设计出适合妈妈们的新购物中心，进而改变他们的生活方式。

BVRAIN-VR与神经
传感技术结合

**Q** 业界认为今年虚拟现实(VR)会有一些突破性发展,您的预判是什么?

**A** 尽管面向大众的VR眼镜已经在售卖了,但VR在实际商业环境中仍处于起步阶段。不过,VR接下来的可能性会有很多,比如,可以在电子商务中加入VR,消费者不用去店铺就能获得与实体店一样的感受,这对购买方式会产生极大改变。另外,消费者还可以通过VR感受不同环境下的消费感受,比如在不同天气和季节环境下体验不同的穿衣感受。尤其在增进消费者体验方面, VR的应用将带来非常大的变化。

中国在VR应用上会和世界同步,甚至还会超越世界。我们已经开始在中国市场考虑VR的商业可能性,部署相关的应用。

## 人是赢下去的根本

**Q** 在传统代理商内部,人是最重要的企业资产,而随着数字经济的纵深发展,数据、技术等逐渐演变成代理商的重要资产和核心能力,您觉得这些巨变给业界带来了何种影响?

**A** 虽然说现在的技术日新月异,但是无论是技术应用还是数据分析还都是人在做,所以人依旧是代理商最重要的资产,我们对人的质量和人所掌握的知识仍然非常重视。

在以前,广告业文科背景的从业人员较多,依照现在的变化,行业需要加入更多理科背景的人才。现在,对我们而言,最重要的人才是可以把技术、数据、内容和创意结合在一起的全面人才。很可惜的是,这种人才非常少见,所以需要自己培养。

全面人才将成为我们以后非常重要的资本,因此能否培养出这种人才十分关键。我们不但要建立可以持续培养人才的环境,还要创造让他们愿意长期在这里工作的开放式创新企业文化。

电通安吉斯大学 ▶

从去年开始，电通安吉斯集团中国设立了电通安吉斯大学（DAN University），为员工开设了丰富的课程。目前我们这所企业大学里面的讲师都是来自不同国家市场的公司内部人员。接下来，我们还希望吸纳不同行业经验的人成为讲师。我们需要不同学科背景、不同文化背景的人相互融合。我们的目标是培养面向未来、具备前瞻性思维和复合专业知识与技能的人才。

**Q** 近几年，营销领域的变化频率越来越快，业内企业随之不断转型，您觉得能坚持到最后并赢下去的是哪种企业？

**A** 给"赢"做定义比较难，因为每个人对"赢"的理解都不一样，我觉得"赢"应该体现在我们能够给客户和消费者提供多大的价值，这是"赢"的关键。我们在变革中不断转型，是希望成为给客户提供全面营销解决方案的合作伙伴，能够做到"超越广告"，可以帮助客户并和他们一起成长。

此外，我认为能够在数字时代赢下去的代理商是拥有覆盖理念、创意、内容、数据和技术的全面人才的企业。

中国教育部国际合作与交流司司长许涛与株式会社电通副社长中本祥一出席"电通·中国广告教育合作项目"20周年活动

**Q** 2016年是"电通·中国广告教育合作项目"20周年，这个项目是中国教育部与知名跨国公司合作的成功典范。请你谈谈"以人为本"对传播行业、对DAN的影响与作用。

**A** 每个企业都有不同的竞争力，有的是产品，有的是投资，而对于广告公司而言，人是核心竞争力，也是最重要的因素。

数字经济使整个行业产生巨变，在新的商业环境中，如何将以前所做的事与新技术、数据结合，并最终给客户提供更新的服务与更好的价值，其关键在于如何培养并拥有全面人才。我们不仅在内部进行人才培养，并且我们也希望能够吸引更多的年轻人进入传播与营销行业。电通对人才教育事业的支持有着非常悠久的历史，其中"电通·中国广告教育合作项目"开始于1996年，20年来，累计超过2000人次电通广告精英担任项目讲师，项目覆盖全国设有广告专业的数百所大学，该项目在支持中国高校发展广告教育、建设一流学科、培养一流师资和一流人才方面发挥了积极作用。从去年开始，在电通与教育部的合作项目中，我们把内容、数据、技术与创新结合的讲座引入校园，从而拓展学生的视野。我认为，今后大学相关领域的教育方式也会发生改变。

## 勇于跨界 拓展无限可能

**Q** 去年以来，DAN分别与阿里体育、腾讯、百度等达成了战略合作，您希望这种跨界合作能带来什么？

**A** 就如我一直所说的：创新对我们非常重要，但是我觉得更重要的是"开放式创新"，我们从没考虑过只在内部进行创新，跨界合作很重要。DAN

是一家非常开放的企业，我们不仅与BAT进行跨界合作，我们对外合作范围也涵盖了技术公司、大学以及品牌主。

我们从事的是营销和传播工作，这个领域变化剧烈，我们希望在合作中扩展更多的可能性。比如，我们通过与客户的联系，将他们所具有的可能性和BAT这样的互联网公司互相结合，就可以将可能性拓展得更大。也就是说我们所有跨界合作的最终目的是寻找可能性，找到之后，我们再尽力把可能性进行拓展。因此，有可能性产生的地方就是我们合作的领域，我们的合作没有局限，不会画地为牢。

**Q** 您多次提及"可能性" —— 发现并拓展各种可能性，请问如何平衡可能性所带来的不确定性？

**A** 如今的营销和传播领域，与传统广告时代大相径庭，只有开放式创新和充分的分享才能拓展更多可能性。我非常看重可能性，是因为只有发现可能性才有可能创新 —— 这个可能性可能是商业可能性，也有可能是生活的可能性。

在可能性的背后的确存在不确定性，而能减少不确定性风险的方式，就是持续培养人才。

数字技术的推动使得行业与行业之间的界限越来越模糊，营销人员需要更加积极主动地突破传统和局限，以更为敏锐的市场触觉站在战略创新的高度，帮助客户未来业务的发展。

# 当营销插上技术的翅膀

文 | 电通安吉斯集团CES Asia特稿

　　2016年5月，一年一度的亚洲消费电子展（CES Asia）在上海召开，来自23个国家和地区的超过425家参展商竞相亮相，全方位展示了亚洲市场创新的广度和深度，吸引了超过32,000多名参观者。在一群科技先锋企业之中，全球顶尖的广告业巨头电通安吉斯的身影尤其引人注目。

说起广告行业，很多人就会联想到一群充满创意和智慧的广告人在办公桌前写写画画，为一个能够令人拍案叫绝的广告创意冥思苦想，抑或是广告客户经理与客户代表们齐齐端坐在宽敞明亮的会议室中，通过PPT为客户分析市场的最新趋势和热点。这样的场景在描绘20世纪50—70年代广告业的经典美剧《广告狂人》中经常出现，但是很显然电通安吉斯想告诉大家的是，这样的传统广告模式早已经落伍了，技术突破已经成为广告营销的重要组成部分，通过创意与技术的融合将会颠覆整个广告业未来的竞争格局。

在今年的CES Asia上，电通安吉斯展出了12款消费者营销创新产品。作为一家全球公司，这些产品来自电通安吉斯位于澳大利亚、中国、印度

▲ 电通安吉斯集团THE NEXT WAVE 展台

▲ BVRAIN

以及日本等市场团队的共同开发或合作。这些新产品涉及虚拟现实、机器人科学、人脸识别和实时情绪解读等最尖端的科技，这也让人得以管窥电通安吉斯这家总部位于伦敦的广告巨头试图将技术与广告进行融合的野心。

## 虚拟现实 下一个十万亿市场

虚拟现实（virtual reality，VR）无疑是当下最热的技术应用之一，也被很多人称为下一个十万亿级的市场。虚拟现实技术能够极大提升人的感官体验，360度的全景视野和3D立体的沉浸式视觉冲击使人仿佛身临其境，摆脱时空的局限。VR作为泛行业的科技，已经大举进入游戏、电影、娱乐等市场，而在广告营销方面的应用，亦将为其打开一个全新的市场。

此次CES Asia展出的BVRAIN是安索帕上海Nowlab实验室的研究成果。从它的名字就可以看出，BVRAIN是结合了VR与神经传感技术，能够反映人的大脑活动和情感。大脑作为人体最为复杂和奥妙的部分，恐怕也是每个人最为好奇的焦点：怎样才能实时观察自己的大脑？现在，只要戴上BVRAIN这款结合了最前沿情感传感技术的虚拟现实眼镜，消费者的大脑活动和情感状态就能够通过视觉化的方式呈现在屏幕上，并由此衍生出许多互动类游戏和内容。2016年4月底，该技术已经被首次运用于中国各大城市万达影城的可口可乐创新中心，这也是虚拟现实技术跟广告营销相结合的一个典型案例。

▲ Pace Syr

## 人机互动 探知消费者内心世界

　　除了反映人们的大脑活动，此次展示的另一项帮助人们通过手机自拍来检测脉搏的Pace Sync，也有异曲同工之妙。Pace Sync研发自血液脉搏检测光学技术，消费者拿着手机对准自己自拍十秒，手机通过增强面部脉搏信号来检测脉搏，就能够在手机屏幕上显示与自己心跳节奏同步的动感影像，如果跳动过快，影像还会帮助使用者慢慢降低心率。这款热门应用程序在今年拉斯维加斯CES全球展上亦获得了成功展出。

　　消费者永远对自己充满好奇，希望更多地了解自己。而品牌和商家更关注的则是如何利用这种心态更好地为消费者提供个性化的产品和服务，以及如何将两者完美结合。技术只有在社会上普及，为人们创造更为便捷、丰富、充满乐趣的生活之后才具有意义。这也是营销创新的初衷和宗旨。

　　每一个消费者都希望自己能够与众不同，避免千篇一律，但是当我们真的走进一家琳琅满目的商场时，却又因为选择过多变得无所适从。如果你也是这样的一名患有选择困难症的消费者，现在有救了。安索帕澳大利亚为悉尼皮特街的优衣库商店推出了一项有趣的店内体验 —— UMOOD。它可以通过测试顾客的脑电波了解到消费者的五个个性化指标：兴趣点、喜好、专注、压力和困意，并基于这些情绪指标向顾客推荐适合心情的优衣库T恤产品。在这个过程中，顾客只需带上一款耳机模样的传感器，盯住屏幕上的几段互动视频场景，大概5分钟即可完成。UMOOD 在墨尔本、悉尼的优衣库商店先后推出，受到了市场广泛的欢迎。这项技术源于电通ScienceJam开发的Emotion Analyzer情绪解读。通常当人们被问及一件事情的时候，所表现或者表达的可以是经过假装的、隐藏了

▲ **UMOOD**

真实想法的状态，因此，人们对于"潜意识"的情感分析有着不断增长的需求。Emotion Analyzer让脑电波分析变得非常简单易行，它能够实时解读大脑反应出来的五种情绪：感兴趣、喜欢、有压力、专注、困倦，可以广泛应用于产品测试、卖场陈列调研、用户界面体验调研、驾乘舒适性调研等等，帮助企业/品牌更好地了解消费者需求。

　　在上述这些例子中，我们可以看到，在技术驱动营销的大趋势之下，无论是洞察人的情感和身体状态，或者是根据每个人的个性定制化推荐产品，"以人为本"仍然是这些新的消费者技术贯穿始终的基本出发点。所以换句话来说，这些新的技术所做的其实是在帮助消费者更加了解自己，也让品牌更加了解消费者。

## 生活中的智能惊喜

　　在成年人眼中，哭笑无常的婴儿也许是最难被理解的，也令许多年轻父母们手足无措。Smile Explorer就是为了解决这个问题而推出的，这项2015年9月上市的产品实质上是一款智能婴儿车，婴儿车上装备的摄像头可以自动抓拍婴儿的笑脸，并与父母的智能手机连网，家长在推车时可实时查看婴儿的神情。通过GPS技术，Smile Explorer还可以将婴儿微笑的地点在地图上进行标记。这样父母就可以发现平时散步时从未注意到的婴儿喜欢的活动场所。你也许很难想到，智能设备可以比孩子们的父母更为细致，但是这项技术做到了。

　　当婴儿渐渐长大，那些工作繁忙的父母们难免又产生了一个担忧：谁来陪伴孩子的成长？帮助他们排解寂寞的时光？过去，这样的角色可能交给各式各样的玩具，现在父母则多了一个选择：机器人。

　　dmLab（电通媒体实验室）与"touch.plus"正在全球合作推广的机器人TABO是一款搭配 iPad Pro 使用的小型自主式机器人，它内置两个步进马达，可在平板上自由移动。它可以陪孩子玩iPad游戏、玩扑克，还可以学习编程，并最终为孩子们提供

虚拟世界之外的社交陪伴。

　　本次CES展出的另一款机器人RoBoHoN则可以替代我们的智能手机。这款外形可爱的机器人手机拥有现在智能手机的一切基础功能，如打电话、发邮件、拍照、上网等，其独特点在于消费者能够通过人机对话实现与机器人手机的互动——你可以通过语音指令让它跳一支舞，

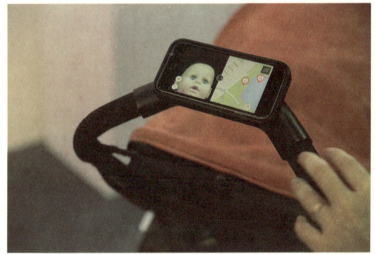

▲ **Smile Explorer**

▲ **TABO**

RoBoHoN还具有面部识别（识别主人面孔）和投影仪等功能。也许有了这样一款移动手机机器人，你的秘书以后可以不用上班了。

本次展览之中，还有许多有趣的营销技术产品，例如：

**Flip Dots:** 数字与模拟屏的混合体验，黑白圆型磁片组成透过物理原理翻转律动，触发观众独特的视听觉体验，是艺术与技术的完美结合；

**Happy Hours Rewind:** 运用Twitter时钟创意实现实时时光倒流的酒吧创意广告活动，抓住了人们希望美好时光可以永驻的心灵共鸣；

**CAVE:** 一个能够开启人机交互的数字空间，消费者可以和CAVE互动来解锁个性化的视频、洞察、数据，甚至玩互动游戏；

**8911:** 两个在2116年唱歌跳舞的虚拟明星姐妹，可通过编程制作为3D和全息图，与"粉丝"交流；

**ICPAPER:** 全球首个电路打印的数字化纸质媒介，为用户创造了全新的感官互动体验；

**Smart Arena:** 由动作传感自动相机、运动传感器、智能媒介、安卓电视等配备组成，能够全天候自动拍摄、收集大量比赛视频和数据并进行数据运用的智慧运动场等。

技术推动营销创新的最终落脚点在于，新的技术需要能够更好地抓住消费者心理，解决消费者对自己的好奇心，推荐和定制个性化产品。无论技术如何发展，如果无法契合消费者的内心需求，则它们只是一种技术而已。营销人员的重任在于如何促成消费者需求和技术的完美结合。并且，成功消费者技术的最终目的应该是为品牌和企业带来销售的提升或者是品牌知名度的提升，否则技术再顶尖也只能是束之高阁的观赏或者一时兴起的玩偶。

在参观完电通安吉斯在此次CES的展厅之前，你也许很难想象这家广告公司会拥有如此多的创新技术和产品。在技术日新月异的当下，许多有远见的公司已经将科技纳入他们的未来蓝图之内，并且积极研究创造技术，因为技术已经融入到消费者和市场营销的每一个环节和层面。了解和推动消费者沟通技术的创新也成为数字经济时代每个品牌营销成功的必胜法宝。

▲ **RoBoHoN**

# 当90后跨入社会主流，
# 他们如何消费媒体

文｜李明明　凯络中国助理消费者洞察总监

过去，媒体经常把90后称为"非主流"人群，但是到2016年，最年轻的90后也已17岁即将成年，而最"资深"的90后则已经26岁，成为了职场的生力军。因此，不管我们是否承认，90后已经进入社会主流，也成为了消费主流，他们的消费行为已经成为了所有营销人员必须深入研究的课题。

针对这一课题，凯络中国发布了《90后媒体消费报告》（以下简称"报告"）。由凯络中国CCS数据库提供调研支持，这份研究报告覆盖了中国一线到五线以及农村市场的88个城市近7万名受访者，对90后人群的媒体消费行为、与媒体的关系和互动方式，乃至90后的价值观和生活方式进行了深入解析。

## 网络为"指尖一代"
## 提供情感归宿

90后在媒体整体接触和使用时长上均超越了其他年龄段人群。他们每天在媒体上花费的时间平均达到522分钟（近9个小时），与80后基本持平，但明显超过了70后和60后。90后仍然看电视，但以轻度消费为主，在电视上时间花费和情感卷入的程度已经远不及互联网（图表1）。

在对90后最信赖的媒体类型调查中，网络以53%独占鳌头，明显高于排名第二的电视媒体（31%），全面赢得了这群年轻人的情感归属。网络为90后提供了按照他们自己方式去主动搜寻和发现信息的渠道，同时网络也是90后从出生以来就很熟悉的媒体形式，因此他们与网络的关系也是天然存在而且是最具信任度的。同时，社交网络是他们接触外部世界并形成"三观"的基础，兴趣社交和陌生人社交都是他们的独有属性（图表2）。

手机是90后最重要的媒体渠道，代表了他们生活的很大一部分。90后是名副其实的"指尖一代"，并且拥有超高的"手机商"。手机对于他们而言早已不仅限于应对基本生活的工具，更是

### 图表1：90后电视与互联网消费程度比较

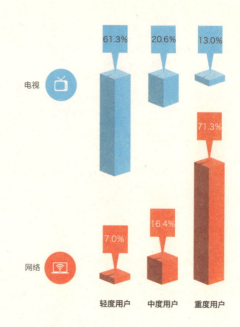

数据来源: CCS 2015

### 图表2：90后最信赖的媒体类型

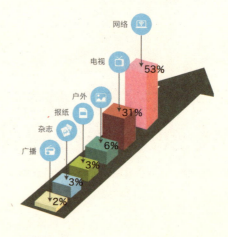

数据来源: CCS 2015

## 图表3：2013－2015年90后的媒体渗透率（%）

■ 2013　■ 2014　■ 2015

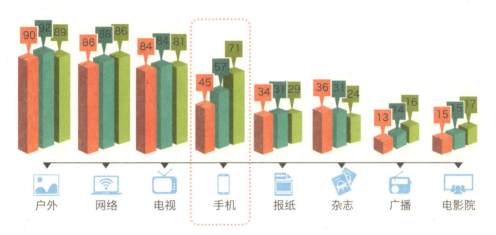

| | 户外 | 网络 | 电视 | 手机 | 报纸 | 杂志 | 广播 | 电影院 |
|---|---|---|---|---|---|---|---|---|
| 2013 | 90 | 86 | 84 | 45 | 34 | 36 | 13 | 15 |
| 2014 | 92 | 88 | 84 | 57 | 31 | 31 | 14 | 15 |
| 2015 | 89 | 86 | 81 | 71 | 29 | 24 | 16 | 17 |

数据来源：CCS 2013－2015

## 图表4：2013－2015年 90后的媒体花费时间（分钟／每天）

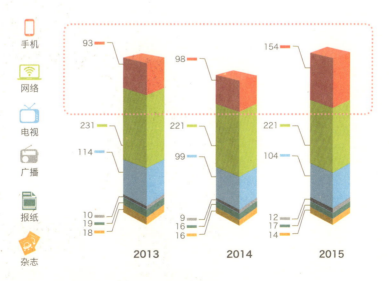

| | 2013 | 2014 | 2015 |
|---|---|---|---|
| 手机 | 93 | 98 | 154 |
| 网络 | 231 | 221 | 221 |
| 电视 | 114 | 99 | 104 |
| 广播 | 10 | 9 | 12 |
| 报纸 | 19 | 16 | 17 |
| 杂志 | 18 | 16 | 14 |

数据来源：CCS 2013－2015

**图表5：90后各个时间段不同屏幕的使用情况（by index）**

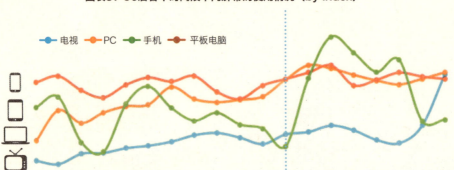

数据来源：CCS 2015 wave 1，base 15～24岁，手机360《90后移动互联网调研报告》

帮助他们提升生活品质（社交、旅游、理财、生活）以及增强个人综合竞争力（查询、阅读、自学）的贴身助手（图表3）。

90后平均每天花在手机上的时间为154分钟，高于80后、70后和60后。对比过去三年的调查数据，90后的手机媒体渗透率从45%上升至71%，每天花费的时间从93分钟大幅增长到154分钟。可以说，手机正不断挤压90后对于其他媒体的消费时间（图表4）。

调查发现，对碎片化时间的全面占领，是手机成为主导屏幕的核心原因，90后的手机使用全天候维持在高位水平，下午5点之前手机更一直处于统领所有屏幕的地位。可以说对90后而言，不是他们的生活离不开手机，而是"生活就是手机"（图表5）。

### 电视VS电影VS视频网站 90后如何看片？

在对90后消费电视的程度分析中，61.3%的人是轻度用户，只有13%

为重度用户。而在对于网络的消费程度中，71.3%的90后为重度用户。与之相联的是90后习惯于多屏、多任务的数字生活，电视+手机是他们最常用的屏幕搭配。

**图表6：90后的在线视频消费**

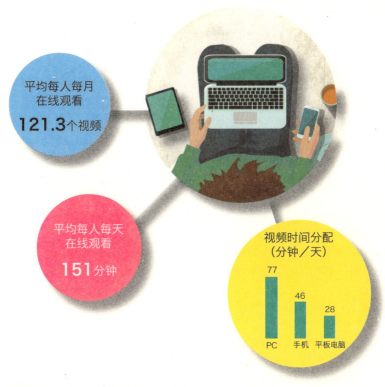

平均每人每月
在线观看
**121.3**个视频

平均每人每天
在线观看
**151**分钟

视频时间分配
（分钟／天）

77
46
28
PC 手机 平板电脑

数据来源: comScore Media Metrix, 15～24岁, CCS 2015

　　常用并不意味着消费，相比电视，90后已经成为了电影的核心消费人群，虽然他们在所有观影人群中只占到17.1%，但是票房的贡献率达到了42.1%。他们当中有17.1%的人每个月至少一次电影院，18.9%两到三个月去看一次电影，这一比例近两年一直呈增长状态。90后把去电影院看作是一种重要的休闲方式，所以他们通常会呼朋引伴，一起前往，这也成为了他们与朋友交流、联络感情的方式。

　　同时，90后是在线视频的重度用户，他们对视频内容观看的重心已经完全转移到网上，而且观看的内容十分多元化。他们当中平均每人每月在线观看121.3个视频，平均每人每天在线观看视频时间为151分钟（2个半小时）。不过90后对为视频网站付费的意愿不高，这与90后的经济能力有关。大多数情况下，他们更愿意接受免费内容，除非是内容非常具有吸引力的视频（图表6）。

　　电视剧最能反映90后的独有兴趣，受众也最具备代际差异性。而综艺节目处于包括90后在内的各年龄段通吃的情况。90后在在线电影与电影院电影的选择上则体现出差别，在线看得多的未必是院线里首选的电影。在一众视频网站中，90后对芒果TV的黏性尤其高，他们花费在芒果TV上的平均时间远远超过其他网站平台，这一点与芒果TV的运营模式有关，因为湖南卫视出品的很多自制剧和自有内容资源深受90后喜爱，而这些视频内容只在芒果TV上独家播放。

90后与其他群体的另一个有趣的区别在于他们欣赏的角度十分多元化，各种类型的内容都会有90后去欣赏。另一方面，他们也是非常富有个性的一群年轻人，对内容的欣赏水平也较高。从小接触的一流日韩美剧帮助他们开阔了眼界，因此追求做到极致的内容。

比如看似主流且沉闷的央视纪录片《我在故宫修文物》，由于对故宫的诸多文物、以及文物修缮工作者的日常工作进行了非常细致的刻画，在90后视频网站Bilibili播出后，就受到了许多90后的热捧。与之类似，有很多网络剧并没有做很多宣传，但因为其中一些比较特别的点吸引了90后，触发了他们与身边的人口口相传，使该剧风靡一时，这就是所谓的"自来水现象"。

## 90后的精神生活：以社交为核心

在社交网络方面，90后已经超越80后，成为社交网络用户的主力人群，尤其已经成为QQ、微信两大平台的活跃用户主体：微信的活跃用户中47%是90后，QQ空间活跃用户则有39%来自90后。90后对社交媒体特别热络，不仅因为社交平台是他们获取新闻资讯的渠道，便于他们主动搜寻和筛选想要的信息；更重要的是，他们把社交网络看作一种平台，大家玩在一起，互通有无。

这背后的原因一方面主要因为90后多是独生子女，希望与他人建立更多联系；同时这也与他们所处的人生阶段有关，他们非常愿意和身边同龄的或不同龄的，生活背景相似或很不一样的人接触，从多元的视角去了解他人的生活，从而找到自己在社会中的位置。与80后成长于QQ聊天的时代不同，90后刚好成长在社交网络飞速发展的时代，因而他们更喜欢利用社交网络展示独立的个体，思索自我、探索世界。

在社交网络使用中，与所有网民

都热衷的"熟人联络"和"开放式社交平台"不同，"兴趣社交"和"陌生人社交"是90后更加专属的方式。

"陌生人社交"是一种相对私密的交流形式，这与90后的特殊年龄段有关，他们多愁善感，但又觉得把自己的小心思、小情绪与熟人或家人分享则会显得敏感而尴尬，亦可能给熟人带来负担，所以90后选择了与陌生人交流沟通，这时候可以随便发发牢骚或者小感慨。可以说，"陌生人社交"为90后提供了情绪宣泄的通道。数据显示，2015年中国陌生人社交用户中65.8%都是90后，74.1%的90后社交网络用户愿意在即时通讯软件中加陌生人为好友（图表7）。

再以兴趣社交为例，一个在小城市生活的90后如果想在日常生活中寻

> 与现实中的亲友保持联络
> 微信、QQ空间

熟人联络

开放社交平台

图表7
90后的网络社交生活
富含多个维度

陌生人社交

> 与陌生人建立对话
> 微信、Kind

> 随时了解各种新闻、资讯和信息
> 微博、知乎

兴趣社交

> 以兴趣为出发点，建立同好交流圈
> 豆瓣、随遇

全体网民都在用的社交维度

更加专属于90后的社交维度

找到一个一样喜欢跳芭蕾的小伙伴很难，然而网络提供了他们方便找寻这类同好人群的方式。90后的社交很多时候是以兴趣为维度形成的社交圈，从场景到话题都非常纯粹，极富针对性，同时又十分多元，关系群具有标签性。

在这样的背景之下，除了我们熟知的社交平台，一批独具90后特色的社交应用也获得了广泛的青睐，例如

Same，用户在其中不能互相关注，也不能评论，纯粹用来记录生活；Kind则基于LBS和陌生人限时聊天，聊后即焚。

对90后来说，社交网络已成为他们驱动生活与消费甚至是塑造"三观"的动力源。也因此，品牌要从生活态度、消费理念和生活价值观层面，与90后消费者互动，以致力争成为塑造他们思维模式的背后推手。

## 长尾媒体+音乐阅读内容：营销人不能忽视的机会

我们还发现，户外媒体对90后具备较好的覆盖效果，包括偏小众的户外媒体，如电梯海报、电梯电视、地铁广告、出租车广告等等，长尾效应非同一般。所有这些长尾户外媒体渗透率看上去不高，但90后对这类媒体的倾向度反而更高。

大众类的户外媒体如公交车站、大型商圈等人流聚集地的广告牌反而对90后吸引度不高，因为这些媒体本身特点不突出，受众亦五花八门。90后更偏好与其生活方式结合更为紧密的媒体，比如住宅电梯、上班路上地铁、或者办公楼电梯间等等精准覆盖其生活场景的户外媒体。同时，90后对互动型广告十分感兴趣，他们乐于与户外广告互动，比如扫描二维码就是目前比较主流的一种互动方式。设计针对性的营销内容、充分鼓励互动，这也成为了户外广告营销人员必须考虑的要素。

音乐是90后在互联网上大量消费的另一类内容形式，62.7%的90后手机内装有音乐类App，59.2%的90后每月从网上下载音乐。90后还是手机移动端阅读的主力人群，打发时间是他们阅读的主要目的。不过大部分90后获取的阅读和音乐内容也都是免费的，事实上中国的大部分消费者仍然倾向于免费的网络资源，大部分网民对内容付费的习惯尚没有建立。但同时，90后是中国消费者里面最愿意为了自己喜欢的内容付费的群体，未来培养这个群体为内容付费要比80后、70后更为容易。

值得注意的是，对内容的深度消费，是90后与前代消费者最大的差异性所在。90后的消费者从表达个人观点到跟随消费，再到对内容进行再创作，反映了90后喜欢深度参与、积极互动，甚至将内容变成自己东西的强烈意愿。

举例来说，网络视频弹幕等现象基本是伴随着90后成长起来的，他们通过"鬼畜"视频发表自己的意见，善于加工和创造流行语，设计自己的表情包，或者写深度影评，这些都是90后非常具有自主意愿的行为。

对营销人员来说，与其让90后被动接受品牌的信息，不如找准90后的兴趣点，最大程度激发90后参与创作，调动他们的积极性。例如，设定一个非常契合90后兴趣点的主题举办短视频拍摄比赛，类似这样的方式可能会起到意想不到的效果。

**CCS简介**

CCS（Consumer Connection System）是电通安吉斯集团独有的、全球统一设计管理同时兼顾本地客户需求的单一同源消费者调研。调研囊括了人口基础属性、媒体接触习惯、生活态度、产品消费、品牌认知等方面的丰富信息，以帮助我们掌握更深刻的消费者洞察。在中国，CCS调研始于2006年并延续至今，覆盖从1线到5线共88个城市，年样本量已经超过69,000个

# 大数据精准营销
# 将不可能变为可能

文 | 姜燕佳　**电通数码IBG总经理**

以往，尽管大家都在说广告投资中50%被浪费了，但由于缺乏数据和技术手段，谁也无法精准地指出哪些广告投入被浪费了。如今，大数据已经渗透到生活中的每一个角落，并改变着人类的生活、工作与思维；加之"互联网+"浪潮的浸润，代理商越来越接近找出被浪费的广告投放的目标，但我们发现这已经不仅仅是业界唯一需要面对的挑战，如何做到精准化营销、提升投资回报率（ROI），成为行业所面对的重中之重的课题。

之所以说精准化营销、提升ROI是重中之重，是因为所有营销要解决的根本问题是最终销售。如今，由于互联网媒体的特点，使得代理商可以追踪消费者的行为，能够在大数据基础上分析品牌的潜在消费者是怎样的人群，可以通过技术手法精准地触达这些人，可以发现消费者数据转化为销售线索的规律，最终指导品牌优化广告ROI、提升精准化营销效率。从这个角度看，互联网打破了一切销售方法的边界，将许多不可能变为了可能。现在，能实现销售线索转化的只有数字媒体，正因为此，这也成为考核代理商的关键绩效指标（KPI）。

电通数码作为国内最早进入数字营销领域的代理商，十多年来，不但积累了丰厚的业务经验，前瞻性地创立了"营+销"理念，还围绕大数据全链路进行全维度布局，独立研发出了实效进阶性数字营销整体解决方案，化解了消费者数据收集、数据匹配、数据分析和数据应用等数字营销难题，让数据不再沉睡，使数据也不再是无法互通互联的信息孤岛。

## 大数据遇到的挑战和机遇

大数据、信息化、物联网、信息消费、云储存、智慧城市……这些无处不在的大数据正在影响世界的变化。不过，大数据的异构性、规模、及时性、复杂性和隐私问题从各个环节阻碍了数据价值的创造。

**· 数据割裂，难以形成消费者整体画像。**据不完全统计，BAT三大互

联网公司拥有一半以上的线上数据，尤其在移动端，它们共占据了全中国75%的数据，BAT三巨头在中国互联网版图中呈现明显的三足鼎立局面。这些年，BAT通过不断收购与兼并，它们分别在庞大的数据背后精心耕耘着"围墙花园"；它们在各自的生态系统中获取消费者数据，但却无法连通彼此，造成数据相互割裂，难以形成消费者整体画像。

·**数据资产无法精准用于业务场景。**大数据需要不同数据的关联和整合才能更好地发挥理解客户和理解业务的优势。如果不打通这些数据，大数据的价值则非常难挖掘，企业启动大数据最重要的挑战是数据碎片化。由于业务场景的数据割裂，因此企业很难实现营销的精准管理和验证，亦无法形成有效的PDCA管理循环。此外，大数据加工及应用服务商众多，数据来源、量级及服务能力参差不齐，数字营销代理商很难协助品牌通盘考虑，并有效应用于业务场景。

正因为数据被割裂和碎片化分布，对于数字营销代理商而言，反而机遇远远大于挑战。作为大数据应用的第三方，代理商可以用数据管理平台分别与BAT的大数据进行对接，再把来自BAT的大数据与品牌数据、代理商积累的数据进行匹配，从而打通消费数据。代理商打通消费数据的核心目的是了解消费者在不同媒体环境下的生态状况，最终帮助品牌发现其最核心

消费群体的媒体接触习惯、兴趣偏好，还原这些群体背后的代表行为、兴趣和偏好。如果没有和BAT大数据的对接，代理商其实没有办法丰富消费者多维度画像。

在保证数据安全的前提下，代理商一旦以这种方式与诸多大数据源头建立共享机制，可以预见：颠覆的不仅是营销领域，甚至在未来可能颠覆产业和生存环境。

## "营+销"理念先行，全链路布局大数据

大数据时代和网络的普及使得代理商可以用丰富的技术手段，从营的区域走向销的区域，进而做到精准化营销、提升ROI。

### · "营+销"理念应运而生

基于"互联网+"和大数据的时代背景，电通数码开创了独有的"营+销"理念。如今，电子商务进入普及阶段，不但改变着消费者的购买行为，亦改造了营销领域，随着数字媒体平台已经能够扮演部分销售通路的角色，"营"与"销"开始深度融合，任何"营"的节点都可能实现"销"的结果，品牌需要将"营"与"销"之间的链路打通，"营+销"理念应运而生。

在"营+销"理念之下，电通数码利用独有的众多技术系统和第三方数据战略合作资源，让数据收集和分析覆盖消费者行为的全程："营"是以消费者大数据为基础，协助品牌发现潜在客群，制定差异化营销战略，建立品牌与预购人群的强关联；"销"则是通过全渠道数据整合施策，线上线下促进销售转化。如是，为品牌提供基于用户互联网行为特征分析的一站式营销解决平台，透过精准营销，全方位地提高营销效率。

2015年，在互联网手机竞争激烈的"红海"市场，联想推出了第一个互联网手机品牌——乐檬。当时，如何打动目标客户、实现营销目标成为最大挑战，电通数码运用了"营+销"互联网整合营销推广模式，以营销大数据运用为核心，打通了社交媒体传播与互联网广告及电商销售环节，帮助乐檬脱颖而出。

最初，联想乐檬以"约吧，檬妹子"为主题在官微、官方吧与消费者互动，以真实体验为切入点，通过一系列真实送机体验，收获了消费者真实口碑的同时，也收获了媒体的自发关注，在社交媒体迅速确立了乐檬的认知度。

针对前期积累的用户信息，电通数码利用自主研发的iDMP数据管理平台的大数据分析手段，精准描绘出了乐檬的消费者画像，分析了他们对手机的真实需求，并将这些信息反馈给了联想研发、设计部门，联想迅速推出了满足消费者需求的快速迭代成品乐檬K3增强版。这是代理商与品牌联手，借助大数据进行产品开发、定型和生产的典型案例。

之后，在"618京东电商节"期间，联想和电通数码对前期锁定的目标用户有针对性地推送活动广告，成功召回高质量用户，使最终购买转化率高达1：5。

通过先进的技术手段和精彩的电商活动策划，加之凭借"618京东电商节"这一手机行业最核心的舞台，乐檬成功地登上了手机类成长最快的品牌榜，乐檬K3成为2015年上半年的京东最畅销单品。

由于将营销大数据应用于社交媒体传播、电商营销、营销政策的制定、产品的迭代,全部营销策略都变得有的放矢。"营+销"理念有效帮助联想打造了其第一个互联网手机潮牌——乐檬。

· **全链路布局大数据**

毋庸置疑,数据已经成为数字营销领域最重要的业务要素,因此如何收集数据、分析数据、应用数据就成为代理商的核心战略工具。对此,电通数码围绕大数据的全链路进行了全维度布局(图表1)。

由于大数据具有可被收集存储、可被处理分析、可被应用等特点,基于此就构成了整体的大数据生态链:上游的"数据提供方"、中游的"数据加工方"及下游的"数据应用方"。在大数据的实际应用中,生态链的上中下游需要分别做到"大""强""准",才能最终胜出,并且越具有统筹大数据生态链能力的大数据应用才会越高效。

电通数码的大数据全链路布局以iDMP数据管理平台为核心,上游分别与中国互联网三巨头BAT以及相关行业的垂直TOP1媒体展开大数据的全面开放合作,以实现做"大"的目标;中游加强自身的大数据加工能力,实现做"强"的目标;下游对接广告交易市场、诸多广告媒体、数据咨询市场等,实现做"准"的目标,真正实现在上中下游大数据全链路上的布局(图表2)。

## 工欲善其事必先利其器

在互联网时代,随时随地都在产生海量数据,收集数据、分析数据、应用数据,已经根本不可能依靠手工与人脑,必须仰赖于紧密贴合代理商需求的技术工具。为此,电通数码开发出了能够介入整个数据链条的独有的技术平台与工具。

图表1: 大数据生态链条

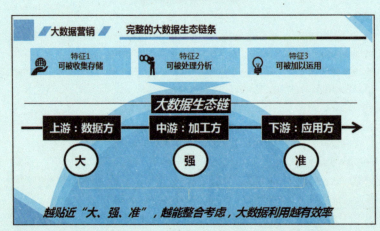

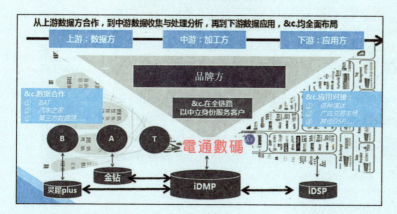

### ·大数据产品布局

iATD是电通数码独立研发的数字营销全链路管理平台(图表3),平台上搭载了九大产品利器,它们以iDMP数据管理平台为核心,分别居于大数据生态链的上中下游,各司其职。通过iATD对数据与商业智能技术的运用,可以实现对消费者行为和整合营销过程的可视化管理。iATD平台涵盖了网络展示广告、网络视频、社交与口碑营销、搜索营销、无线营销等。

在聚焦精准方面,iATD拥有精准化投放平台iDSP、智能视频媒体整合投放系统iGRP、社交媒体营销智能管理系统iHoo、无线O2O促销工具iButterfly。在应用数据方面,iATD能够实现全面整合,拥有帮助品牌打造DMP(数据管理平台)、电商平台营销O2O解决方案、社会化营销以及移动应用平台的强大技术工具,以实现涵盖大数据生态链的上中下游,实现大、强、准目标的全链路数字营销版图。

### ·强强联手, 大数据营销产品升级

"灵犀"是百度大数据部门开发出来的产品,电通数码作为"灵犀"的唯一一代理商,与百度联合开发了"灵犀Plus"。这是根据搜索的营销理论"SIVA模型"(图表4),布局在大数据全链路的独特产品。

目前,中国已有6.5亿网民,他们每天都会在百度上搜索、学习、社交,产生大量数据,"灵犀Plus"从消费者的生活时刻为切入点,对百度拥有的搜索与广告投放数据,以及消费者购买网络行为数据进行挖掘,通过专业的数据分析工具和营销团队深入分析,制定出解决品牌痛点的营销方案。

基于数据、技术、营销层面的"灵犀Plus"是一个定制化的营销数据分析平台,以消费者搜索需求关键词为切入点,通过技术的监测分析,对消费者在消费决策过程中的决策路径和决策内容进行捕捉和引导,帮助品牌形成有效的影响消费者决策的营销闭环,

图表3：iATD九大产品利器

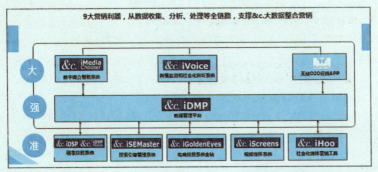

图表4：搜索营销的SIVA模型

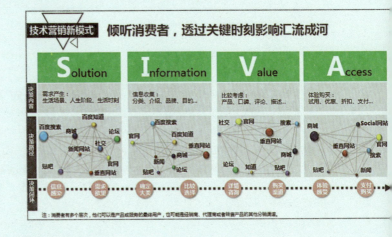

从而更直接有效地提升营销效果。同时,"灵犀Plus"平台还可以对接百度DMP和电通数码iDMP,找到目标人群,通过lookalike技术拓展品牌的潜在人群,精准投放广告(图表5、图表6)。

**·打破数据孤岛,打通线上线下数据闭环**

虽然随着电商的快速普及,人们的购物方式在发生着快速的转变,但是无法改变的现实是:基本上八成的购买行为还是发生在线下。而在大数据应用中,线下店头及线下购买数据的缺失一直是消费者全链路数据获取的一个遗憾。于是,电通数码在2015年研发了"iPlus到店宝"工具。

"iPlus到店宝"通过探针技术获取店头线下客群数据,将以往缺失的重要的一环数据补齐,完成从线上数据(广告曝光、广告点击、搜索、到站等)到店头用户数据的打通,形成线上线下消费者数据闭环,进而帮助品牌制定全触点的大数据营销解决方案。

2016年3月,"iPlus到店宝"牛刀小试,针对inWE茶在上海设计周的展会活动, 不仅实时监测统计了展会所在商圈及到店人流, 更为重要的是通过将到店客群与电通数码大数据源的匹配, 描绘出了到店人流的人群画像: 男性、年轻人为主要消费群体; 以学生和职场白领为主; 到店人群的购物兴趣集中在话费充值、3C数码配件和女装, 其中76%的人群处于中等的网购消费层级; 52%的人群月度消费频次在8次以上, 网络购物行为活跃……

"iPlus到店宝"的营销应用的场景(图表7)包括: 1. 针对到店顾客再营销, 相似顾客放大营销, 对未购买用户重新定向广告投放找回。2. 针对地理人流与商圈分析, 可以精细到到店人群和周边人群, 商圈客流、店铺周边客流、入店客流等, 通过地理环境数据分析, 可以从地理位置上看是否符合目标受众人群, 优化门店的选址。3.针对数据化管理门店客流, 通过回收的数据

图表5: 灵犀Plus应用步骤 (上)

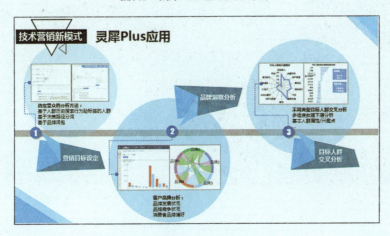

图表6: 灵犀Plus应用步骤 (下)

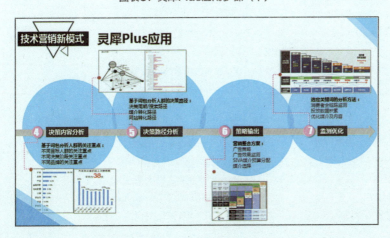

图表7: "iPlus 到店宝"应用场景

场景数据采集，结合程序化广告及客户关系管理（CRM），实现基于真实关系用户的场景化营销

② 营销活动到店效果管理
⊙ 全链路数据建立PDCA完整闭环
⊙ 可观评估营销活动到店效果

③ 线下展会／活动管理
⊙ 探测线下展会／活动到场人群，呈现清晰的人群画像
⊙ 展会／活动效果评估与优化

① 潜客找回／放大
⊙ 到店顾客找回，相似顾客放大，精准开发潜客
⊙ 基于地理场景标签的精准人群营销
⊙ 营销活动到店效果评估

④ 获取会员及粉丝经营
⊙ 通过wifi获取注册信息，通过wifi Portal关联微信公众号／支付宝服务窗／天猫粉丝趴，经营粉丝社区及CRM

⑤ 门店监测与运营优化
⊙ 监测实体门店的客流情况，指导门店提供更为个性化的服务，优化门店运营

可以看到实时客流量、入店量、停留时长、核心人群特征等，帮助指导和优化门店运营。4.针对线下媒体监测，可以了解和对比各区域目标人群不同属性和消费能力，制定高效媒介组合投放策略、重点市场定位策略。

"iPlus到店宝"作为全渠道大数据"营+销"生态体系中的重要利器，能够协助品牌实现全渠道采集广告、官网、到店全链路消费者数据，形成第一方私有用户数据标签库，并且通过与BAT等平台大数据对接、匹配，呈现更加丰富立体的消费者人群画像，让品牌与消费者沟通变得更加得心应手。

如今，大数据浪潮汹涌来袭，如何更好地整合工具与数据，从纷繁的海量数据中沙里淘金；如何能够更好地读懂消费者复杂行为背后的需求；如何利用数据的力量让营销更精准……在化解这些营销重要问题的背后，代理商不仅需要拥有专业的技术，更为重要的是必须拥有高效专业的运用技术与工具的能力。正所谓：工欲善其事，必先利其器，我们希望通过不断的摸索和努力，在未来可以与客户一起拥抱大数据，携手共赢互联网+新时代。

# 透视车与人
## ——电通中国汽车消费者调查

文 | 马亦农　北京电通第三事业本部调研研发部客户群总监

在消费新常态下，中国的消费市场在下沉，汽车市场也在下沉。私家车市场从大城市开始向中小城市下沉的同时，大城市的汽车市场也在不断发生变化。那么，三、四线城市的汽车消费者全维度画像是怎样的？他们有着什么样的汽车观？一、二线城市的汽车市场又发生了什么变化？中国汽车市场

如今的全貌是怎样的? 汽车消费者的整体消费行为如何?

北京电通发布的《电通中国汽车消费者调查》(DACCS)——揭示了以上问题的答案，还原了中国汽车市场的全貌，并且勾勒出七大区域汽车消费群体特征。

DACCS建立的"汽车消费者基础信息数据库"是电通独有的完整单一的数据来源数据库，它不同于通常的汽车消费者数据库，而是北京电通作为第一次跨数据库的尝试，通过数据融合及匹配，突破性地与中国市场与媒体研究（CMMS）进行对接的数据库。因此，这个数据库可以实现多维度的交叉分析，为深度研究汽车消费行为提供基础数据平台。

## 首次跨数据库交叉研究

随着中国社会经济的持续发展，消费者的购车刚性需求依然旺盛，汽

车保有量继续快速增长。根据公安部交管局统计，截至2015年底，以个人名义登记的小型载客汽车（私家车）达到1.24亿辆，与2014年相比，私家车增加1877万辆，增长17.8%。对消费者而言，车既是一种交通工具，又是社会地位的象征，能给人带来方便和乐趣。消费者购车主要是满足个人需求，产品和品牌是大家共同关注内容。

北京电通2015年企划并实施了电通汽车消费者调查（DACCS），从区域的层面对调查结果进行深入分析。今后，DACCS将作为连续性的调查项目，每年定期实施。调查共涉足51个城市，覆盖全国七大区域，包括一到四线城市，重点布局三、四线城市，总样本量达到6000位被访者，从整体把握中国汽车市场消费情况（图表1）。

这是北京电通DACCS与CMMS第一次跨数据库融合、匹配以及交叉分析的尝试。在6000个样本中，既包括对CMMS样本的回访，亦包括来自

CMMS所覆盖城市的全新样本，以及CMMS此前未曾涉及的14个城市的DACCS自有样本。

此外，为了客观反映中国汽车市场现状，基于市场的实际销量情况，DACCS还确定了样本在车身类型、价位段以及基本属性的配额，覆盖了中国汽车市场的主流人群。

在数据分析阶段，DACCS对于

CMMS调查城市回访样本进行了数据融合，对于CMMS调查城市新样本进行了数据匹配，对于非CMMS调查城市的新样本采用全新数据采集，既能看到与汽车相关的消费轨迹与行为，也能看到消费者的价值观和媒体习惯。

由于与CMMS进行了跨数据库的尝试，DACCS得以深入追踪到消费者在不同的购车阶段，其媒体接触点、信

**图表1: DACCS样本配额**

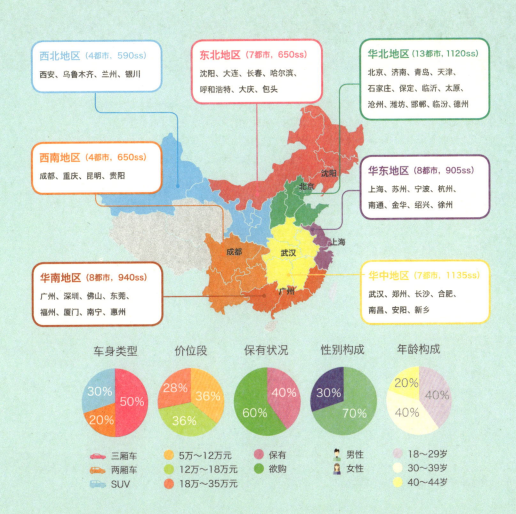

西北地区 (4都市，590ss)
西安、乌鲁木齐、兰州、银川

东北地区 (7都市，650ss)
沈阳、大连、长春、哈尔滨、呼和浩特、大庆、包头

华北地区 (13都市，1120ss)
北京、济南、青岛、天津、石家庄、保定、临沂、太原、沧州、潍坊、邯郸、临汾、德州

西南地区 (4都市，650ss)
成都、重庆、昆明、贵阳

华东地区 (8都市，905ss)
上海、苏州、宁波、杭州、南通、金华、绍兴、徐州

华南地区 (8都市，940ss)
广州、深圳、佛山、东莞、福州、厦门、南宁、惠州

华中地区 (7都市，1135ss)
武汉、郑州、长沙、合肥、南昌、安阳、新乡

车身类型
50% 30% 20%

价位段
28% 36% 36%

保有状况
40% 60%

性别构成
30% 70%

年龄构成
20% 40% 40%

三厢车　5万~12万元　保有　男性　18~29岁
两厢车　12万~18万元　欲购　女性　30~39岁
SUV　18万~35万元　　　　　40~44岁

息收集内容也不同：

· 考虑购买前阶段，电视广告（45.4%）高居媒体接触点的第一位；来自亲友的口碑（40.4%）居第二位；汽车垂直网站（25.9%）位列第三。

· 初期考虑阶段，亲友口碑（40.2%）位居第一；汽车垂直网站（32.1%）升至第二；网络搜索引擎（28.2%）排第三。

· 研究比较阶段，亲友口碑（41.7%）依然位居第一；汽车垂直网站（33.8%）第二；经销店销售人员介绍（27.2%）第三，重要性开始凸显。

· 购买决策阶段，与研究比较阶段相似，亲友口碑（44.5%）第一；汽车垂直网站（31.7%）第二；经销店销售人员介绍（26.5%）第三。

DACCS还创新性地立足汽车视点理解生活，进而做到把握价值链战略、深入洞察消费者。调查人员将DACCS数据与CMMS数据进行交叉分析，获得了很多意外的收获。例如，DACCS将保有车身类型和车主喜欢的电影题材进行了交叉分析，发现尽管消费者共同爱好动作片，然而三厢车主喜欢侦探片，两厢车主更喜欢喜剧、言情片、伦理片和科幻片，SUV车主则更喜欢战争片（图表2）。

DACCS还原了中国消费者购车的过程，解读了他们购车行为背后的意识观念，帮助行业了解中国汽车消费者的购车动机、使用场景、把握消费者对汽车品牌的认知及评价。同时，DACCS全方位呈现了汽车消费者的日常生活轨迹、意识形态和价值观，最终实现对汽车消费行为深度和广度的研究分析（图表3）。

今后，DACCS作为一个持续更新的汽车市场消费者基础信息数据库，

图表2： 立足汽车视点理解生活

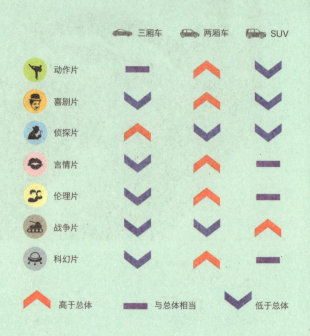

图表3: DACCS涵盖内容

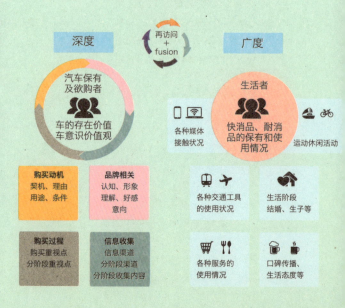

将以每年开展一到两次的频率，持续观察中国汽车消费市场，在数据中发现总结汽车消费者的行为变迁，以及中国汽车市场的变革。

## 一方水土一方人

中国幅员辽阔，受经济发展程度以及文化差异等因素影响，各个区域的消费者购买汽车时的需求动机及汽车价值观也各有不同。DACCS研究剖析了七大区域汽车消费群体的不同消费特点，可谓一方水土一方人。

DACCS通过汽车价值观、购买动机和理由、购买重视点三个视角分析研究了七大区域人群，抽取"车的商品价值"（情感与物质）和"车的存在价值"（个人与社会）两个维度，对七大区域进行了特征定位（图表4）。

调查发现在经济发达的华东、华南地区，消费者均注重汽车的社会性价值，但对车的商品价值认知上存在差异，华东偏向情感价值，华南则偏向物质价值；与华东同样注重情感价值

的还有西南地区；华北的消费者注重汽车的个人价值与物质价值；东北和西北地区的消费者在个人价值的重视方面存在共性，但对车的商品价值认知上却存在差异，东北偏向情感价值，西北则偏向物质价值。

图表4: 中国汽车市场七大区域特征定位图

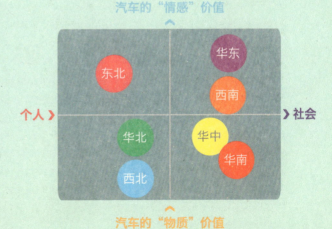

具体而言,国内七大区域的消费者分别有如下的汽车消费特点:

**·东北:车是"个人的"东西**

东北消费者对汽车很感兴趣,认为车是重要的财产、是生活的必需品,他们想通过车展现自己的成功。相对于获得社会认可而言,他们彰显自我的意愿更加强烈,不太在意被周围人如何看待。

东北消费者的"个人主义"还表现在,购买汽车的动机主要是以本人上下班、工作上的移动等为主。他们对车本身的关注度较高,重视车的外观设计及性能;他们对品牌的重视度比其他区域的人相对较低。

**·华北:车是"家庭的"东西**

在华北消费者的观念中,觉得车是"重要财产"的意识很强烈,但将车作为炫耀财富和社会地位的需求薄弱,他们主要希望通过车表现对家庭的考虑。区别于东北消费者的"个人主义",华北消费者的家庭观念更重,他们在人生关键节点(结婚、产子)考虑购车的需求强烈。

在驾乘体验上,华北消费者更重视同乘坐者的舒适性;对车本身,特别是车身类型、乘坐舒适性很重视。虽然他们也重视车的外观设计,但并不认为需要借助车向周围人炫耀,因此对品牌重视度亦不高,不太讲究品牌,也不太了解品牌。

**·华东:车是"炫耀社会地位以及富裕生活的"东西**

华东地区的车文化更加深厚、车经验值及车素养很高的地区,消费者强烈认同车本身的价值,追求"适合自己"的一台车。在他们眼中,车既是财产,也是生活必需品,还是令人憧憬的实体。

购车时，华东消费者比较强调购买符合自己社会地位的车，并且不重视价格，然而他们却很重视车的维修保养费用，削减维修保养费用是其购车重要的考量之一。

华东消费者不觉得车只是单纯的代步工具，他们会仔细研究品牌，重视社会普遍性认知，却不太研究车的具体参数，而更关注车的"行驶稳定性""操控性能"等感受。

### ·华南：车是"讲究的工具/实用品"

华南消费者讲究务实，较为实用主义，他们习惯于从物性价值的视角看待车，选车时重视技术性能，不太重视车的外观设计和车身类型，对车的情感需求较弱。他们认为车是工具，并且存在等级差异，会根据商务场合，选择及使用不同的车，更重视车的社会价值。

在使用中，华南消费者用车接送客户/员工的用途较多，本人使用（上下班、工作移动）反而不太多。他们还对购买时机敏感并且非常理性，因为政策变动等"实用购买时机"而购车的情况较多。

### ·华中：车是"获得信赖/代步工具"

华中是车普及相对落后的区域，消费者对于车的认知水平相对较低，对汽车的认知主要集中在作为交通工具上，受价格因素影响较大；同时，汽车在获得信赖及面子的社会价值感（显示社会地位）等方面，比其他区域表现得更强烈。

华中区域的消费者兼具华东与华南两区域的特点，但更接近华南，他们对车的关注更重视外观设计，不在意车的品牌形象；此外，重视乘坐舒适性、安全性、油耗，也重视周围人推荐。

### ·西北：车是"具有实用性的资产"

西北消费者的车意识最朴实，和华中类似，那里处于车普及的初期阶段，消费者的车经验不足，更倾向于把车作为资产，会购买资产价值高、级别高的车。在购买动机因素中，西北消费者选择上下班的比例最高，购车者的就业比例也较高。虽然西北消费者的购车想法非常实际，但却并没有把税费及手续费作为购车理由。

与华中类似，西北消费者重视车的外观设计、安全性、油耗；也重视车的性能，关注多项性能指标，不似华东区域消费者那样根据行驶稳定性、操控性等感受选车。

### ·西南：车是为了"休闲娱乐/享受生活"

在对车的社会价值的重视程度上，西南区域的消费者尽管程度不及华东区域的消费者，但也希望通过车来展现自我，会介意别人如何通过车来看待自己。此外，西南消费者的主要购车动机是日常生活和娱乐需要，对价格的关注度较低，他们对喜欢的东西会不吝惜金钱，较为在意别人的眼光。

在娱乐使用方面，西南消费者重视车身尺寸、视野、乘坐舒适性，然而，对安全性及油耗的关注度较低，较为关注体现社会地位和个性明显的进口车。

## 大城市与地方城市汽车市场各自发展

随着消费市场下沉和经济多年积累，地方城市（三、四线城市）的生活方式在变化，汽车使用也在变化，当提及中国消费者买车的目的时，如果还

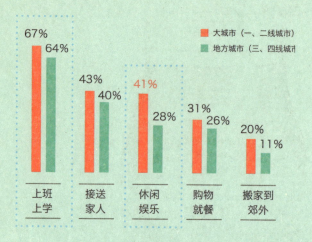

图表5: 地方城市与大城市汽车的使用差异

照搬大城市(一、二线城市)的市场经验, 显然有些牵强。

本次DACCS重点布局三、四线城市, 发现尽管在大多数情况下, 消费者买车仍是作为"代步工具", 比如为了"上下班/上下学"、"接送家人"等把车作为便利的移动工具, 但在大城市, 消费者将车用于"休闲娱乐"的比例很高, 显现出车作为"娱乐手段"的一面(图表5)。

消费者进行汽车信息收集时, "电视广告""从朋友、同事、家人处听说""汽车垂直网站"以及"搜索引擎"作为4个最重要的信息收集渠道贯穿信息收集的4个阶段中。其中, 一线城市的消费者在汽车购买信息收集的各个阶段, 对"搜索引擎"以及"汽车垂直网站"的使用率均高于二到四线城市的消费者。

在谈及涡轮增压发动机汽车的购买意愿时, 50%以上的消费者表示"同等价位下会优先选择涡轮增压发动机的汽车", 20%以上的消费者表示"预算范围内即使价格高, 也会优先选择涡轮增压发动机的汽车"。而对于"即使超出预算, 我也会优先选择涡轮增压发动机汽车"而言, 一线城市消费者选择的比例显著高出其他线级城市, 购买意愿更强烈; 同时, 一线城市的消费者也表示"先进的技术"以及"省油"是他们看重涡轮增压发动机汽车的主要原因。

大城市和地方城市的消费者对待汽车经销商的态度也有较为明显的区别, 尽管消费者都觉得"销售人员专业性强""售后维修服务专业""销售人员服务意识好"是衡量经销商的前三项指标, 但三、四线城市消费者对"销售人员服务意识好"的重视程度显著高于一、二线城市。

## 品牌商务：联结品牌体验和"最后一里"的捷径

文│林真　安索帕亚太区首席执行官

　　数字时代消费者的消费旅程和以往大不相同。他们可能前一秒还在手机、电脑上浏览朋友圈信息，后一秒就有可能因为看到朋友推荐而决定下单购买某品牌产品。在某些特殊情况下，消费者对于品牌产品的购买甚至可能会先于品牌体验。

　　这给品牌营销带来新的挑战：品牌与消费者的每一次互动都必须能够向消费者传达品牌理念，并需要创造一条促进消费者购买的捷径。

　　2015年，安索帕将这种品牌与交易之间的全新关系定义为"品牌商务（brand commerce）"。这也成为我们最新看待营销的方式。

　　我们之所以提出"品牌商务"的理念，是因为数字时代的品牌平台和商务平台之间不再泾渭分明，而是互相融合、彼此密不可分。过去那种由创意代理商讲述品牌故事，媒体代理商寻找合适的渠道投放，再通过线下代理商完成交易的单向传播方式不再适用于数字时代。品牌必须学会在讲故事的同时考虑如何促进销售，在促销的同时创造让消费者难忘的体验。如果商务平台没有建立，品牌就会碰到销售瓶颈；同样，建立品牌也很难不从商务角度出发，尤其在电商和移动电商都很发达的中国。

拜数字科技的不断发展所赐，在综合考量和利用传统4P的同时，品牌商务也同时能够为营销带来新的玩法和可能性。如果代理商从商务的角度出发，就必须思考产品的定位，思考产品在不同商务平台的销售方式和经

验，甚至跟客户一起寻找新的商务模式——这就意味着，我们能够在"品牌商务"框架下涉足产品和服务领域，甚至会和客户一起设计产品和服务，这是与传统代理商较大的差异。

比如，我们最近与一家鞋业客户展开了全新合作，这家企业的一款新品鞋是参照我们咨询团队的建议设计的；新品面市后，我们不仅做品牌传播，还会帮助新品销售，并且与客户分享这款产品的收益。

"品牌商务"理念在全球推出后，国内外客户的反应都非常好，因为它直接解决了品牌的问题，代理商也不再与商业结果脱节。现在，不少客户都愿意在品牌商务的框架下与我们合作开展不同的尝试。与此同时我

促销 %
利用数字科技拉近品牌体验与促进交易的距离。

产品
利用最新科技创造新的产品或服务，为品牌客户和代理商创造新的业务增长点。

from touch point to cash

9 876543210 1234567

渠道

价格

们也重新调整了内部构架，专门成立了一个部门，试图打破科技、传播、品牌的区隔，从全面整合的角度推进品牌商务的业务发展。

在品牌商务框架下，代理商可做的事情有很多，尤其重要的课题是品牌如何在销售前的"最后一里"输出产品、服务和品牌故事，如何整合线上与线下、虚拟空间叙事与实体空间体验，满足消费者需求的同时体现出独有的品牌价值。与此同时，科技的不断发展也在不断打破传统传播的疆界，为营销带来各种新的变化和可能性，并将带来对内容行业的极大挑战及创新。

数据、内容和科技是品牌商务非常重要的要素，也是营销界在2016年关注的焦点以及摸索的重点。由此，我认为，2016年需要关注的三个重要的数字营销趋势是：

### 趋势一：数据智能驱动品牌商务

以前，代理公司主要利用数据监测来判断媒体效果，或是通过数据分析定位消费者，以期实现更精准的媒体投放。但是，在如何利用大数据分析来辅助商业决策，如何利用数据洞察来调整传播方向，如何聪明地利用实时数据对品牌和产品进行精准定位，以及如何对客户关系管理（CRM）进行优化，也将会是2016年需要重点关注的一个领域。

从媒体到数据的转变是中国数字营销市场的核心，数据智能是媒体的核心竞争力。数据和数据智能间的最大差别是：前者针对的是事情结果，后者针对的是对人的了解。营销领域从没有缺少过数据，但数据更多的是看结果，证明品牌投资有效性，而数据智能因为能够连接各种数据，所以能诠释单一消费者的需求。过去，即使品牌有CRM等数据，也很难解释"到底对单一消费者做了什么，他/她才成为我的顾客"。如今，数据不能回答的问题，数据智能可以做到，它能够了解消费者的行为、喜好、生活方式，包括了解其非直接产品的采购记录，最终能够还原消费者，做到"我不浪费你（消费者）的时间，但是我真的知道这是你所需"。

在培育独一无二的数据资源和专业知识，以及将数据为品牌发展所用方面，我们需要不断地积极探索和尝试。去年，安索帕中国集团成立了专门的大数据团队，尤其为了解单一消费者，建立了基于大数据分析的消费者旅程追踪平台——Code 1。这是一个开放性消费者数据的整合分析平台，拥有整合不同维度的消费者行为数据和自发评价数据的能力，例如社交讨论数据、POS消费数据、线上和线下的交易数据、宏观环境数据、媒体投放数据等，可以帮助品牌主在品牌商务时代更深刻地理解目标消费群的需求动向，及时掌握消费者与品牌之间关系，并从变化趋势中找到能够有效提升品牌体验的机会。Code 1是在品牌商务概念下，研发出的第一款大数据整合分析平台。

与此同时，与数据拥有方的合作也至关重要。例如今年年初安索帕中国集团与银联旗下的大数据公司银联

**CODE 1**

**Code 1消费旅程体验追踪系统是**一个开放性数据的整合分析平台。其核心模块是建立在社交聆听数据之上，整合传统品牌资产研究模组、品牌销售数据及搜索行为数据的实时品牌资产追踪。通过长期累积的消费者研究、垂直网站、客户需求与品牌相关的行业知识经验，构建出品类与品牌相关的词包、人的情绪表述词包等，用以深入洞察消费者的品类使用行为以及品牌体验；相比以问卷调研方法的品牌资产研究，Code 1的分析给予消费者实际消费行为及自发评价，数据更客观、更真实。

· 通过实时追踪品类需求动向、品牌资产表现，并结合分析消费者的搜索、线下及线上交易行为等数据，Code 1可以帮助品牌全方位地掌握消费者的整个品牌体验过程；

· 品牌可以通过Code 1为其量身定制的在线数据图表查询平台，实时掌握消费者需求和品牌表现，及时调整品牌策略及传播策略；

· 通过建立数据模型，Code 1能够帮助品牌找到驱动实际销售增长、品牌认知、社交讨论等的有关品牌体验方面的关键指标以及影响因素，最大化传播策略以及媒体投资；

目前Code 1已经在许多品类进行案例实践，目前已深入洞察的行业品牌主要包括母婴、汽车、食品、连锁店、护肤品、家装、手机和平板电脑、互联网金融产品、航空等

智惠成为战略合作伙伴。我们将在银联智惠的大数据平台技术基础上，结合所掌握的广告及用户浏览行为数据，开发精准营销广告业务运营平台，为品牌提供数据推动的营销解决方案。这一合作可以将消费者采购信息与营销大数据整合，能够更完整地识别消费者画像。

如今，数字早已不仅是传播渠道，对许多品牌而言，它是生意模式。并且这项生意非一人独自能够完成，需要集结来自市场研究、品牌咨询、管理咨询、大数据、零售管理等相关领域的专家，针对性地提供背靠大数据的品牌商务咨询服务，将品牌传播转化为商业结果。

## 趋势二：
## 品牌内容 VS 品牌植入

传播的核心是内容，我们正在迎来一个内容爆炸的时代。随着渠道的不断丰富和形式的不断变化，消费者的眼球和注意力变得日趋分散，真正能够驱动交易的品牌内容则变得越来越重要。以往，广告主一掷千金赞助热门事件及节目的现象，将逐渐被为品牌量身定做的IP内容以及各种品牌内容所取代。从央视市场研究股份有限公司（CTR）日前发布的数字化支出趋势数据中，可以观察到两极化的现象：数字化支出很大程度上以绩效为主导，与之相伴的是程序化购买；或以知识产权（IP）为核心的项目以及品牌内容赞助的支出。

营销人员要更专注于创造品牌内容。对品牌来说，需要考量的是如何将IP转化为品牌内容，借由IP讲好品牌故事而不是仅仅做品牌植入，用传统买媒介的思路来操作IP，可谓大材小用。

今年1月，《功夫熊猫3》在中国和北美首映之际，一支号称电影番外篇的短片《一碗面的功夫》播出——这个在《功夫熊猫3》故事基础上创作的康师傅老坛酸菜面的品牌故事是从王宝强的梦境开场，讲述了一碗绝世好面是怎样炼成的——神龙大侠和鹅爸爸用李山带来的祖传老坛，加上"32式神功"，做出一碗唤醒灵魂的康师傅老坛酸菜牛肉面。

在这个案例中，康师傅老坛酸菜面不是以简单曝光的方式出现，而是占尽IP的优势，非常巧妙地借助IP来替品牌讲故事。《功夫熊猫3》本身的故事就跟面有关，阿宝富有人格魅力且执着追求厨艺精神是这个IP的核心，并且阿宝和老坛酸菜都来自四川。在以IP为核心的项目里，康师傅老坛酸菜算是个经典案例，品牌故事跟电影IP结合很深，IP替品牌说故事，功夫熊猫变成老坛酸菜面的最佳代言人。这个由安索帕集团公司意凌·安索帕创意的案例被业界誉为"教科书级别"的合作。

在视频之外，为了把动画IP延伸到产品中、更贴近消费者，康师傅还特意推出了一套功夫熊猫的"压面神器"，也就是视频中王宝强用的那个。"压面神器"是我们与品牌一同研发的，它不仅有赠品的功能，同时它还强化了品牌，不少年轻消费者正是为了获得"压面神器"而购买康师傅老坛酸菜面。《一碗面的功夫》播出后，品牌取得了非常好的商务结果，产品认知度提升超过两倍，购买量提升43%，康师傅老坛酸菜面成功登上全国美食热榜第一名！

在今天，真正能够驱动交易的品牌内容将变得越来越重要，因此在品牌商务框架下，代理商需要尽力去了解对品牌最终销售的影响，并且非常重视销售数据。

## 趋势三：科技发展催生新的传播形式

　　随着人工智能（AI：artificial intelligence）、虚拟现实（VR：virtual reality）等技术的不断发展，催生了众多新的传播形式，也给营销带来了更多的挑战和可能性。

　　过去这段时间，由于资本力量的介入，VR成为国内炙手可热的技术，可以预见VR应用在今年会得到快速推进。其实，在过去两年，安索帕全球在国外做了很多VR领域的实验。

　　从媒体的更新换代以及技术研发的角度看，AI、VR是势在必行的新技术，但它们进入大规模商用的时间点会不太一样。从VR在全球的应用进程看，2016年底、2017年初，VR将会进入大众化、商业化，VR将取代消费者对手机的部分要求以及对电视的理解。VR对内容有很多不同的要求，所以安索帕会在今年重点提升制作VR内容的技术能力。

　　此外，我们正在进入一个全面运用人类感官，提供结合视觉、听觉、触觉以及味觉、嗅觉的五感沉浸式体验时代。品牌和代理商也在尝试提供除了文案、音乐及艺术之外，同时结合五感的沉浸式体验营销。五感沉浸式营销与技术有很大的结合点，比如VR技术侧重的是视觉和听觉，如果把AI和VR技术结合，将会更多推进与触觉有关的营销。当VR和AI技术成为营销市场的主流技术，将会有更多的五感沉浸式营销出现。

　　电通安吉斯集团旗下一家公司曾经帮助美国一家培根公司制作了一款叫醒服务APP，它在叫醒消费者时会散发出培根的味道。今后，会越来越多地看到这类刺激嗅觉与味觉的营销尝试，因为在人的五感中记忆最长的是嗅觉，过去没有科技手段能够帮助我们刺激消费者的嗅觉，但随着科技的进步（机器人是可以内

置嗅觉刺激应用的），五感沉浸营销的手段会更多。

新科技平台也将对媒体的定义产生深远的影响。媒体将更多地基于市场细分而非同时面对不同人群。数之不尽的新兴媒体形式即将涌现，基于这些不同内容形式的市场需求也将发生翻天覆的变化。随着AI、VR技术的发展与普及，它们将会变为新的接触媒介、新的媒体。我们对新技术的关注焦点之一是看它能否成为新的媒介，以及在新媒介上怎么讲故事、如何实现刺激购买的功能。代理商需要思考如何销售这些新兴媒体，如何借助新媒体更好地帮助与消费者的沟通，这是近几年内必须要应对的挑战。

最后，人类和机器的互动将空前增加，这将对营销市场产生巨大的影响。多年来，营销界的主要问题是找到消费者并把信息传递给他，如今消费者每天面对的信息太庞杂，今后当智能机器升级为消费者的决策伙伴

后，会有越来越多的品牌信息被屏蔽。越来越高的屏蔽效应对营销是非常大的挑战，营销界至今都没有解决信息屏蔽的问题。当机器的智能决定功能越来越强，品牌面对消费者的沟通一定要升级，未来，我们所要思考的将不仅仅是向人们讲述故事，而是要知道如何通过智能机器讲述品牌故事，联结品牌和人群。

在品牌商务时代，如果没有清晰的数据做支撑，就像人没有骨架；内容则像给人穿衣服，人是否得体、给他人留下长久印象，都跟衣服有关；科技像手中的工具，用多快和多有效的方式让消费者感受品牌信息，需要借助科技。如果数据、内容和科技三项因素都做得好，就可以有效地帮助品牌呈现在消费者面前，帮助消费者对品牌的认知更亲密，两者关系更长久，铺设好品牌产品与服务销售前的"最后一里"。

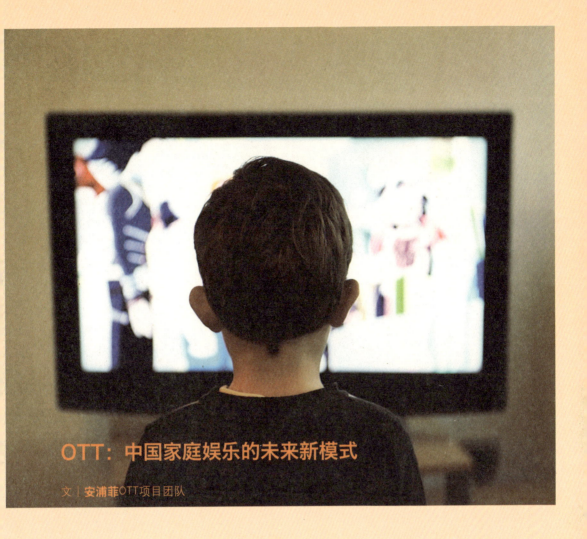

## OTT：中国家庭娱乐的未来新模式

文 | 安浦菲OTT项目团队

随着"宽带中国"战略的推进，越来越多的中国网民开始使用上了高速宽带网络，工信部2015年的统计数字显示，中国的宽带网络总用户数规模已经超过了2.1亿，其中逾60％的人使用的宽带速度超过8M。更快的网速使得利用网络数字电视观看高清视频逐渐成为了潮流，而OTT也开始变得普及。

OTT的全称是"over the top"，是指通过互联网向用户提供各种应用服务。这种应用和已有的IPTV和数字有线电视区别在于，它仅利用运营商的网络，而服务由运营商之外的第三方提供。目前，典型的OTT业务就是互联网电视业务，中国的观众主要通过智能互联网一体机或智能互联网机顶盒来收看。

OTT集合了互联网和电视的双重特性，既像电视机那样可以提供超大高清屏幕的震撼体验、遥控操作，同时也具有互联网的视频点播、互动性强的特征，因此成为了下一代的家庭娱乐新趋势。

### 巨头争相布局 掘金OTT市场

在国内市场，监管机构要求所有OTT内容提供商必须挂靠在国家认可的牌照拥有方之下。国内现有七家牌

照拥有方，具体包括央广银河、南方传媒、国广东方、百视通（东方明珠集团）、湖南电视台、华数传媒和央视国际。因此在过去一段时间内，所有主流的OTT内容提供商都已跟这些牌照方进行了合作，少部分不具备牌照资质的内容提供商也失去了市场生存空间。

作为中国家庭娱乐的全新模式，主流视频网站利用其海量的内容优势都已经布局了OTT产业，而中国互联网的三大巨头BAT也利用各家优势支持旗下的视频媒体抢占OTT市场，可谓八仙过海，各显神通。其中，百度系的爱奇艺是最早进入OTT产业的，拥有一定程度的先发优势。阿里系的优酷土豆则借助天猫盒子的大规模渗

透来进入观众的家庭。腾讯视频TV端在三家中发力最晚，但除了以巨资采购各类独家内容版权，更利用腾讯的大生态圈打造客厅经济产业链。此外，芒果TV背靠湖南广电的背景和强大的自制节目内容，以大量的独家视频内容在市场上独具特色。乐视则一直以乐视生态为战略，通过乐视电视机绑定旗下内容来抢占市场，也是这个市场的有力竞争者。

这些互联网和视频网站巨头之所以纷纷进入OTT产业，无疑都是因为看好互联网电视未来在中国的发展前景。根据第三方机构奥维云网的数据，中国现有的智能电视机保有量达1.05亿台，网络电视盒子保有量达6000万，2015年的终点激活率为

83%，日均活跃用户数达4100万。根据预测，到2016年底，国内每卖出100台电视机中，95台将会是互联网电视。

为了挖掘和展现OTT的商业价值，弥补过去的监测手段中的不足，电通安吉斯集团与行业领先的市场研究公司尼尔森和秒针，以及六家行业媒体爱奇艺、乐视、芒果TV、腾讯视频、合一集团（优酷土豆）和品友互动共同开展了联合研究项目，来帮助广告主更好地了解OTT消费者洞察和评估OTT环境下广告投放的表现。

与传统电视的收视人群相比，OTT的目标受众主要是高收入、高学历、高职位的家庭环境用户，并且集中在一、二线城市和经济发达地区。我们在同大量消费者的调研过程中还发现，大部分的消费者一旦开始尝试使用互联网电视，就会逐步减少甚至不再看传统电视。因此，未来更多观众**从传统电视转向互联网电视是一个不可逆的过程。**

互联网电视对于受众最大的吸引点在于观众可以从互联网海量的内容中自己选择收看的内容，**从被动收看演变成主动寻找**的模式，其次，通过大屏高清的电视设备，可为观众提供**一个更好的收看体验**。此外，电视机盒子因为其性价比高，内容选择灵活的原因，仍将在未来很长一段时间内

成为满足消费者多样化需求的重要载体而不只是短期的过渡产品。

## 消费者已经拥抱OTT 广告主如何跟上

更多消费者开始通过互联网电视收看内容，这为广告主提供了一个新的机遇。

首先，互联网电视为广告主提供了**更多的营销新机会**。现在在北京、上海等一线城市，移动端视频的广告库存量十分紧张，OTT可以代替移动端视频去覆盖那些已经在通过网络第三方服务商收看视频的观众。

其次，OTT视频拥有其独特的优势，例如高清大屏可以**更好地展现与传递品牌讯息**。目前，OTT的广告环境更干净。目前OTT内的前贴片广告的数量和时长都远远少于传统电视和视频网站，这意味着消费者在OTT环境中面临的广告干扰更少。

最后，广告主还可以**根据内容偏好作目标群体定向**，如果用户使用账号或手机登录OTT服务的平台，那么广告主可以获得更多关于消费者的数据，从而进行精准投放。在长远的未来，OTT还会被纳入跨媒体、跨平台的程序化购买生态体系，这将为OTT广告带来更大的想象空间。

## 代理商说

**陈良怡**
电通安吉斯集团中国区数字发展执行副总裁
安浦菲中国区全球媒体伙伴关系负责人

在OTT时代，技术的进步使得大家可以更加方便地获取自己感兴趣的个性化内容，消费者拥有越来越多的选择，可以更快、更多元、更便利地获得海量的内容以及更好的体验。

互联网智能电视已经在市场成风雨欲来之势，如何抢占市场先机是大家关心的话题。因此，电通安吉斯集团联合多家机构发起了针对OTT行业的调研，并得到了客户的配合和媒体的支持。此次调研形成的人群洞察、广告效果和监测衡量结果能为日后的投放带来切实指导作用。

我们在调研的过程中发现，广告主对OTT这样比较新兴的广告渠道普遍持有开放的态度，也都很感兴趣，因为OTT的丰富和普及是大趋势；在拥抱新机会的同时，品牌主也想了解更多相关的知识和资讯，包括OTT的规模是否大到足以支持新的营销方法、投放的效果究竟如何，以及在这种新的营销环境下，如何与消费者建立有效沟通，这也使得本次调研更加具有深远意义。

消费者行为和习惯的转变总是在营销转变之前，随着技术革新，消费者在视频内容观看上也获得越来越多的主动权，跟着OTT这个市场的人群洞察去布局我们的市场沟通策略、方法和内容，可以打开一片新的天地，进而和广告主一起，借力OTT实现品牌传播的创新和互动。

## 媒体说

### 赵罡
腾讯视频客厅事业部总经理

**OTT优势主要表现在：更丰富的内容、更自由的选择、更好的体验以及为广告主提供新的营销平台。**

国内OTT的发展，极大地推进了电视新媒体的变革。兼具互联网及电视优势的OTT，因为其内容丰富、体验个性化，并能够满足用户大屏观看、回归家庭的需求而备受关注，发展迅速。媒体应努力打造差异化的特点，通过深耕内容为用户提供畅爽客厅体验。

我们发现，在中国市场，内地电视剧及美剧、内地电影及好莱坞大片大行其道，国际体育赛事颇受OTT用户青睐，国产动漫最具人气。与PC/移动端类似，电视剧、电影、综艺节目在OTT端也同样是用户偏好的内容，而体育赛事、演唱会等需要更大屏幕和更好音效来展现，OTT端在这方面更具优势。同时，少儿、动漫节目等在OTT端的播放量占比也很高，作为OTT核心构成的亲子家庭，87.8%的用户会陪伴孩子观看少儿和综艺节目。

除了更为丰富的内容，OTT的点播模式亦创造了更多的"黄金时段"，并且结合OTT用户使用频次高、黏性强以及OTT大屏效果更佳的优势，为品牌创造了更多的营销机会。OTT正在成为家庭娱乐的新入口，凭借独特的优势集聚了高学历、高收入、高消费的中青年人群。以智能电视为支点建立的客厅经济，正在构建一个全新的产业格局，"抢占客厅"成为业内的口头禅。这其中，最核心的无疑仍是内容，而互联网企业从PC到电视的价值曲线也和这个产业不谋而合，如何继续发挥内容优势、创造经济价值，是当前互联网企业面对的难题，也是获得用户认可的重要因素。

OTT的下一步发展，不仅仅只是硬件、软件或产品的简单更新，产业各方参与者的深度合作才能达成融合共赢。电视运营者有其内容优势以及用户根基；互联网企业有创新意识以及日益被认可的市场影响力；设备制造业有硬件优势和产品推陈出新的能力，是多者的结合，而非简单的替代或叠加，以寻求产业价值上的1+1大于2，用户体验上的1+1=1。在产业跨界融合的大趋势下，没有谁比谁好，只有百花齐放下的互联网和传统电视业的优势互补、合作共赢。

## 媒体说

### 张旻翚
乐视生态营销总裁

　　基于智能电视同时具备传统电视台媒体和互联网媒体的优质属性，其保有量的逐年提升，智能电视大屏平台必定是继传统媒体、PC、移动端之后下一个营销主战场。

　　基于智能电视的功能可无限延展性、可运营性，媒体的营销布局也应从传统的覆盖和传递给用户层面，蜕变为运营用户、服务用户。内容上也应针对不同终端呈现个性化的运营。用户接触内容的时间和观看习惯在PC、移动端及智能视端是不同的。OTT大部分情况下是家庭场景。OTT用户的内容偏好，也呈现出很明显的家庭化倾向，比如儿童亲子类和教育类节目占据越来越大的比重，此外满足家庭服务类别的内容，也占据着更多时间，比如游戏、购物等等。

　　现阶段PC、移动端已经实现的精准营销，对于OTT端未来可以承载的技术创新空间来说，同样具备较大潜力，如体感操控、语音操控、大小屏互动等创新产品，将一同汇入智慧客厅的总入口总开关。这些都在满足用户多种体验和家庭服务的同时，为创新营销提供了更大的想象空间。

　　PC和手机分别用了6年和4年时间突破5亿用户大关，而智能电视用户目前已经达到3.85亿的规模，即将走进5亿的黄金时代。这个领域的快速发展远超我们的预期和想象。目前OTT端黏附的人群是对新鲜事物的接受度较高的精众群体，随着智能电视保有量逐渐提升，这个媒体平台将在未来的几年中从精众逐步过渡为大众平台，因此，期待品牌主能抓住这一两年的精众红利。

# 品牌说

**朱婷**

味全大陆冷藏事业企划部营销传播经理

我认为OTT的优势主要体现在独占性、观赏性、精准性、家庭化和高到达率五个方面。

一、独占性：在广告价值尚未被过分开发的当今，OTT的广告位尚存独占机会；

二、观赏性：智能设备的终端均具备屏幕大、高清等特点，可大幅度提升广告的视觉观赏性；

三、精准性：在智能电视或盒子的购买者和使用者中，北上广及"三高"（高学历、高收入、高消费）人群的占比较高，对于味全来说精准性较强；

四、家庭化：客厅一直是家庭成员社交的重要场所，客厅电视面对的多为小家庭（小夫妻、亲子）、三代同堂；

五、高到达率：针对智能电视的使用群体，指向性明确的操作及少量的广告会有效提升广告的到达率。

基于对OTT市场的了解，结合味全的品牌传播策略，我们已经开始调度部分网络在线视频（OTV）预算至OTT在华东的一二线市场进行尝试性投放。同时，我们也希望尽快掌握新型媒体形式的传播效益以利于未来媒体组合的合理规划。

我们相信，随着智能电视操作的简化、设备的普及、第三方广告监测的公开透明、观众的接受度提高，OTV的现在就是OTT的未来。

# 2016年中国媒体市场景观

文｜凯络中国洞察与商业科学团队

全球领先的媒介代理公司凯络发布了《2016年中国媒体市场景观》。这是凯络第四次发布中国媒体市场的年度景观报告，也是第一次面向大众分享他们对中国媒体市场的认知和睿见。

这份年度报告对中国的传统媒体和新媒体进行了360度全景式扫描，数据涵盖媒体市场的方方面面，报告对2015年的中国媒体市场进行了关键词总结，重点对2016年的媒体市场进行了描述与分析，展望了新媒体领域的进展及新趋势。

这份报告尤其聚焦于电子商务、社交媒体、内容三方面，对业界非常关注并在积极寻求突破的三大媒体话题进行了深度剖析，不仅有独到的原创发现，还针对性地对品牌营销提出了相应的建设性建议,以提醒品牌在不同媒体上传递适合的内容给消费者。

## 一、经济新常态与消费新常态

宏观经济的变化对国民消费、媒体趋势都有很大影响,发生在媒体市场的所有现象都建筑在宏观经济环境中。2015年,中国GDP增长率自1990年以来首次破七,为6.9%,经济界预计2016年GDP增长率为6.7%,可见中国整体经济增速放缓,下行压力大。

在中国经济新常态下,消费却在走强,消费成为经济的主导因素,其占GDP的比重不断扩大,由2014年占GDP的51.4%,到2015年上升到66.4%;社会消费品零售总额也持续快速增长,对GDP贡献不断增大,2014年的贡献度是42.8%,2015年增至44.5%。其中,高线城市消费市场的增长速度放缓,由于消费市场下沉和城镇化持续推进,相比而言,中低线城市消费市场表现亮眼,需要被更多关注,媒体今后的沟通重点需要更多考虑中低线城市。

经济增速放缓之际,城镇居民人均可支配收入却在持续快速增长,2015年达到31195元,增速为8.2%。尤为重要的是,经过多年的积累,中国消费者的消费习惯从量变到了质变,人们从满足日常需求及保障的购物转向品质型消费。

进一步剖析中国消费群体的现状后,发现尽管消费群体人口红利逐渐在消失,但在人口老龄化趋势出现的同时,80后、90后、00后却也占总体人口40%,新世代来到消费舞台中央。相比上一代人,新世代群体不仅热衷消费,且消费态度更追求提升品质生活,花销不那么谨慎,存钱愿望也相对较弱。

消费环境的质变,提醒媒体和品牌,与消费者沟通的角度要随之发生改变,提高传播调性,用更加有品质的生活方式、更精致的生活态度吸引消费者。此外,还要更多地关注年轻人的消费态度与消费习惯。

## 二、2015年媒体市场关键词:跨界、颠覆、突破

在全景展现2016年中国媒体市场前,先回顾一下2015年的媒体市场。简单而言,2015年的媒体是边界不断被打破、规则不断被建立、丛林法则被遵守同时也被创立的一年,跨界、颠覆和突破是全年的关键词。

·**跨界成为新常态**:各方不满足于既有势力,向新领域探索。表现为:视频网站进入电影、智能硬件等领域;明星、传统媒体人跨界互联网;电商大规模收购媒体、投资电影,对未来媒体版图进行重新划分。

·**颠覆**:打破固有模式,互联网开启主动模式。表现为:电视剧先网后台;在线付费开始成规模;T2O(TV to online)渐露头角。

·**突破**:传统媒体马太效应明显,弱势媒体如何突破求生?表现为:新《广告法》第38条规定代言人需为产品承担连带责任;电视内容管制,一剧两星、限古令、限娱令影响持续发酵,二、三线卫视收视流失严重;多家老牌刊物停刊。

回顾2015年的国内媒体市场，变化已经成为媒体环境的常态，唯有适者生存。在"互联网+"大潮下，无论媒体或个人都可以用互联网链接一切，发现新发展机会和平台。不过，无论潮流如何变化，"内容为王"依旧是媒体颠扑不破的真理，受众永远看中和忠于的是好内容，所以能把高质量内容握在手中的媒体占得先机。

在可预见的将来，媒体间差距将愈加明显，马太效应持续，能够产出和拿到黄金资源的都是一线强势媒体，弱势媒体需要找到突围的方式，否则会持续衰败。在频频出台各项条例和当前互联网大潮涌动的环境中，互联网巨擘（如视频网站）的强势崛起将对未来的媒体版图进行全新划分。在传统媒体因水土不服而疲于应对的当下，互联网势力以财力和互联网思维将开疆拓土、重建规则，更多制作和资源开始把眼光和着重点转向互联网，而好内容、高质量资源只存在于网上的趋势已露端倪。在不久的将来，互联网有可能反客为主，成为黄金内容的主要平台，这对于传统媒体而言，无异于雪上加霜。

## 三、2016年媒体总体趋势：新媒体地位上升，传统媒体加速下滑

2016年的中国媒体市场延续了上一年的状况：互联网与移动互联网继续走强；户外受惠于移动互联网的发展，相对稳定；电视与平面媒体持续衰落（图表1）。

图表1: 中国媒体市场广告花费概览（百万元）

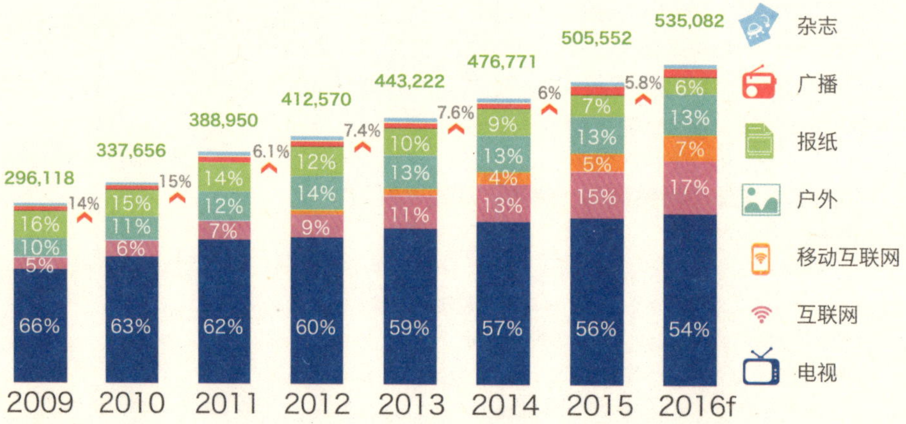

f: forcast, 预估

数据来源: 电视／平面／广播来自CTR，户外来自CODC，网络来自艾瑞，由凯络预估

**中国媒体市场总体表现为：**

**1.**屏幕媒体（互联网和手机上网）渗透率提升，杂志、报纸平面及广播下滑。

**2.**平面媒体主要靠一线城市支持，报纸在一线城市的媒体渗透率为47.7%，

杂志为30.3%，领先二线及以下城市超过10个百分点；三线以下城市在广播及电影院方面贡献大，媒体渗透率为14.7%和13.3%，也分别位列第一和第二。

**3.**移动互联网黏度持续提高，贡献整体媒体消费持续时间增长。

**4.**移动端广告占比不断增长，预计2016年度将占总体互联网广告花费的31%（图表2），其中搜索广告占比最大。

**5.**网民结构从偏年轻群体朝年长普及，并倾向较高收入人群。

**6.**手机网民已占整体网民比例九成。

**图表2：互联网广告花费**

搜索广告占比最大，移动端广告占比不断增长

分媒体广告花费（百万元）

f: forcast，预计

数据来源：网络来自艾瑞，由凯络预估

### （一）新媒体的新进展与新趋势

聚焦2016年的中国新媒体市场，需要关注八大关键词：BAT、网购、O2O、共享经济、直播、虚拟现实（VR）、物联网（IOT）、人工智能（AI）。

•**BAT：**2015年底，阿里巴巴、腾讯和百度的市值分列全球互联网公司第5、6、7名。除了拥有庞大的企业规模外，BAT也已经几乎涉足了所有互联网应用领域，并且仍在不断延伸其业务版图及疆域，BAT投资并购动作频频，尤其在在跨界合作领域。

•**网购：**急速普及，拉动网上零售额持续高位增长；高即时性的移动端购物，出现爆炸性增长（图表3）。2015年，中国网上零售额为3.88万亿元，网购渗透率为60.0%，网购占私人消费15%，尤其在移动端的发展趋势仍会延续。

•**O2O：**本地服务O2O仍蓬勃发展，预计今年O2O市场规模为4278.7亿元，用户规模3.6亿人。随着移动互联网的普及，移动端市场规模也在快速成长。

•**共享经济：**打车类APP和金融、理财、家政服务、上门美甲、厨师到家、到

图表3：中国网络购物市场状况

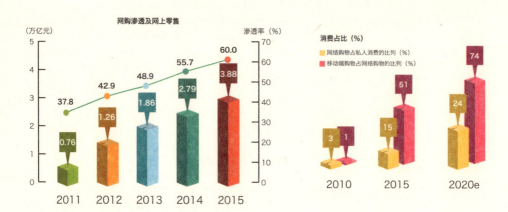

数据来源：国家统计局，CNNIC，艾瑞，波士顿咨询公司（BCG）

家洗车、共享空间等服务类P2P的APP持续发酵。

•**直播：**随着移动互联网发展，直播市场呈现快速成长态势。以游戏直播为例，2014年，中国游戏直播行业的商业模式主要以增值服务(虚拟道具购买)为主；2015年，扩展至游戏联运、广告及会员订阅等商业模式，市场规模实现了3倍成长；预估到2017年，游戏直播用户将有近1.5亿用户。

•**虚拟现实（VR）：**会逐渐流行，预估至2020年，VR用户将达2500万，电影及高度交互性游戏等VR应用将最受消费者期待（图表4）。预计2016年的中国VR市场规模为56.6亿元，增幅高达268%。

•**物联网（IOT）：**万物互联将改变媒体规则。万物互联对媒体的影响主要有：创造更多元化的屏幕和终端，媒体碎片化升级；人与媒体的关系升级，服务即媒体；人与媒体互动的方式升级；物联网级大数据让媒体行为更加精准等。这些影响使得物联网将对媒体规则进行颠覆性创新。在互联万物的设备中，可穿戴设备和带屏幕智能手表的媒体属性最为突出。

•**人工智能（AI）：**以和人类智能相似的方式做出反应的智能机器都属于人工智能，包括机器人、语言识别、图像识别、自然语言处理和专家系统等。人工智能将带来媒体智能化，并改变用户与媒体的交互模式。

**（二）新媒体概览**
•**移动端：仍在继续发展**

2016年，移动互联网广告花费占比不断增长，但增长率趋缓。2015年，国内移动互联网广告为279亿元，同比增长61%；预计今年移动互联网广告花费为411亿元，增幅为47%。不容忽视的是移动互联网已然成为当下互联网的绝对主角，手机、平板类互联网接入设备已经超过PC和笔记本电脑两者之和，移动互联网是用户接入互联网的主流方式。此外，截至2015年12月，我国手机网民规模达6.20亿，在网民中渗透率达到90%，花费时间占据半壁江山，占比高达64.4%！

在移动互联时代，媒体呈现碎片化趋势，一是屏幕类媒体在不断细分，智能手机、平板电脑、电子书和智能手表等屏幕齐头并进；二是媒体消费场景碎片化，移动设备随时随地的消费特性是媒体消费场景碎片化的最重要推动因素。多任务媒体

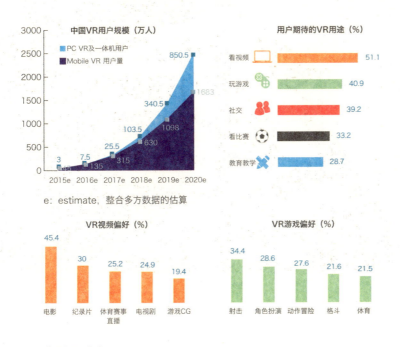

**图表4: 中国VR市场规模与用户期待**

数据来源: 艾瑞

消费行为已经成为普遍现象，例如消费者在看电视时会同时看手机，用PC时会同时关注手机。据统计，87.3%的移动互联网用户在过去1年有多屏媒体行为(图表5)。

进一步分析消费者在手机花费时间的分配，可以发现：App成为手机时间花费的主角，移动网民平均每天花在App的时间为127分钟。在这一应用大背景下，App整合与互联成为趋势，微信、支付宝等成为作为整合平台的入口级超级App；此外，App之间也在实现功能互联。随着超级App的产生，它与人工智能(例如度秘)开始打造生活方式的平台，从最初提供简单的信息到提供整合生活方式相关的服务。

在移动App中，社交通讯类移动App一路领先、稳步发展，2015年12月，社交类App的活跃用户为4.81亿。如今，社交通讯类APP的领头羊已经在谋求转变，

图表5: 多任务媒体消费行为成为普遍现象

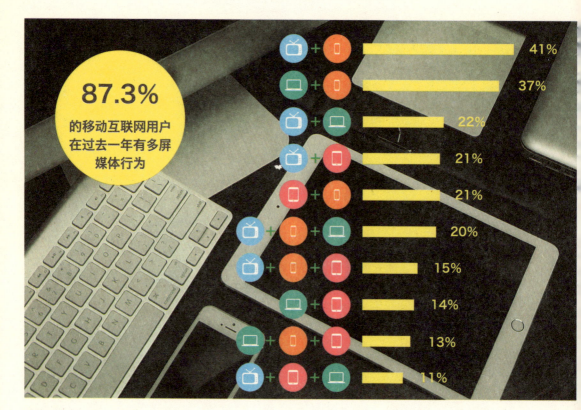

数据来源: 2015 MMMS

例如最典型的微信、QQ和陌陌最初是以最基本的社交通讯功能问世, 但渐渐加入了新功能, 以覆盖更多的用户群体。

移动搜索增势稳健, 2015年12月, 移动搜索引擎用户数为4.78亿, 占移动网民的77.1%, 搜索企业也在由工具向服务转型, 由最初的搜索工具发展到搭载各种各样的增值服务。

在线视频服务迅速移动化, 移动端使用人数和使用时间渐渐超过电脑; 同时, 通过移动设备看在线视频的人越来越多, 已接近通过电脑看视频的人数。

**·电子商务: 作为可交易的高浏览量媒体, 重要性不断增长**

中国网络购物市场处于快速发展期, 电子商务渗透率逐步提升。2015年全年, 国内网络购物达38,800亿元, 增幅39%, 预计2016年将达51,604亿元, 增幅33%。淘宝天猫"双十一"购物节已经成为国内的年度最大消费盛宴, 2015年, 淘宝天猫"双十一"单日销售额高达912.2亿元，占全年网购额2.35％。电子商务已经成为高浏览量的数字媒体，作为可交易的高浏览量媒体，电子商务已经超过主流数字媒体成为最主要的数字媒体之一。

移动电商正逐步占领整个电商领域，规模持续增长，2015年移动端购物首次超过PC端，为50.60％，预计2016年将高达61.10％。天猫双11移动端交易额占比（68％）远超美国网络星期一移动端交易额占比（26％）。与移动购物的繁荣发展相运而生的是移动支付蓬勃发展，2015年，国内移动支付用户达3.57亿人，移动支付使用率为58％。2016年2月，苹果公司在中国推出苹果支付（Apple Pay），服务一经推出即广受追捧，目前已有19家银行宣布与苹果合作，这将对未来中国移动支付市场格局产生深远影响

此外，在电子商务领域，近年来，本地生活服务O2O市场增长迅速，2015年的市场规模为3,352亿元，增幅38％；预计2016年为4,279亿元，增幅28％。

### ·程序化购买: 数据驱动的野蛮生长

如今，人们的购买行为轨迹和媒体接触习惯越来越多样化和碎片化，但他们的行为从未像今天这样有迹可循，而数据正是解读这一切的钥匙。大数据驱动了产业升级，营销应用中收益最大的非程序化广告莫属。中国的程序化展示广告保持高速发展，预计在2016年占比超过全部展示广告的一半，达51.0％（图表6）。2015年，中国移动程序化广告市场规模突破200亿，达223亿元，预计今年将高达439.8亿元。未来几年，移动程序化也将保持高速发展。受移动互联网发展的推动和市场对程序化广告接受度越来越高的影响，中国移动程序化广告将快速发展，但与美国相比，仍有很大的发展空间。

中国程序化广告市场快速发展，众多特色因素造就了当前的程序化广告生态，与美国的成熟市场存在巨大差异。中国特色体现为: **1.资源分散**。不仅广告资

**图表6: 中国程序化展示广告保持高速发展**

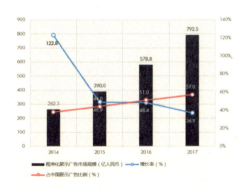

数据来源: eMarketer

源分散，主要由BAT等本土巨头分头掌控，各巨头生态系统以及主流网站、APP之间，甚至巨头旗下不同业务线之间程序化广告资源池也并不互通；数据资源分散，数据拥有者们对开放数据分享、交易都持非常谨慎的态度，并且短期内现状不太会有所改变。**2.独立数据管理平台（DMP）缺失。**数据孤岛现象、互联网巨头缺乏数据交流意愿、数据交易市场规范缺失、缺乏有足够影响力的数据整合公司，这些都造成了第三方独立DMP在短期内仍将缺失。中国市场仍将主要依靠DSP公司自建DMP和互联网巨头自有DMP产品，同时某些巨型广告主也在积极寻求搭建自有DMP平台。**3.追求盈利，演化出混合型需求方平台（DSPAN）。**中国许多DSP公司是由广告网络转化而来，因此非常自然地衍生出DSPAN（DSP+AdNetwork），它们将采购的库存混合程序化广告，同时运作DSP与广告网络。DSPAN同时服务于广告主和媒体合作伙伴，能组合优质资源和碎片化资源进行销售，具有较高盈利能力，但其问题是对于库存资源的使用很难做到完全中立。

此外，在中国程序化广告市场，非公开竞价（Non-rtb）交易方式快速兴起；视频程序化广告也在快速发展。

### ·社交媒体：内容比拼的时代

相较过去几年，2015社交媒体的使用人数在增速上较往年有所放缓，但仍在持续增长，增幅接近10%。截至2015年12月，中国网民总体规模为6.88亿，社交媒体用户占总体网民比例超过93%！

2015年，各大社交媒体平台的电脑端均经历了不同程度的用户流失，用户向移动端转移。在移动端社交媒体平台上，以微信、QQ为代表的通讯类社交平台占据主要市场份额，并保持较快增速，是社交媒体用户增长的主要来源；以新浪微博、百度贴吧、人人网为代表的微博、博客类站点、垂直兴趣社区、SNS类社交媒体用户人群稳定，但增长缓慢。

社交平台用户集聚化与碎片化并存。集合通讯、社交、支付等功能的通讯类社交平台是数字时代不可或缺的工具，已成为移动端社交网络最主要的平台；而个性化内容的需求使垂直社交应用百花齐放，形成明显长尾。

最为重要的是社交媒体已成为重要的资讯来源，传统媒体的资讯主导地位在自媒体兴起后开始动摇。第三方研究公司调研显示，58%的社交媒体用户是为了"获取资讯和新鲜事"，高居首位。可见，由于社交媒体的便利性、时效性、互动性、定制化等特征，通过社交媒体获取新闻资讯已被消费者广为接受，其重要性甚至超过了电视、报纸等传统新闻渠道。此外，伴随社交网络兴起的自媒体和公众号正在改变舆论话语权重配比，传播进入渠道碎片化的众媒时代。

### ·网络视频：付费时代来临

延续2015年的行业态势，在线视频行业依然处于巨头联盟对峙的状态，爱奇艺、乐视等业界巨头的版图不断扩张，而排名前十以外的视频网站的生存空间会被压缩。在2015年，排名前10位的视频网站的浏览量较上年同期平均上涨

15%，位居前三位的爱奇艺、腾讯、优土的增幅高达两位数，只有搜狐和凤凰网略有下降。

在行业整体繁荣的大背景下，消费者逐渐改变了视频网站的内容都是免费的观念，慢慢接受了付费概念，于是，在线视频迎来了付费时代。视频网站付费用户数已成规模，并保持高速增长。2015年，国内视频付费用户为2200万，增幅高达160%；预计2016年付费用户为3500万，增幅为59%。在此基础上，付费市场收入亦成倍增长，2014年仅为14亿元，2015年快速蹿升至40亿元。因此为了争取更多市场份额，优质内容和独家版权成为各视频网站大量投入和追逐的猎物。

为了掌握优质内容的主动权，自制剧已经成为视频网站的主流策略。主流视频平台自制内容已经有相当规模，预计2016年，自制剧有60部，自制节目65个；视频网站自制内容广告占总体广告收入比例将达到17.9%。此外，网生自制内容投入和质量不输电视，反向输出将越来越多。可以预见，2016年，主流视频平台在自制内容上投资更多。除了自制外，视频平台还在积极培植平台上的专业生产内容（PGC）生态。相比而言，PGC的内容成本偏低。2015年，国内PGC节目年产量为15000集，与视频网站签约PGC制作公司有800家，今年，各视频网站纷纷开启了PGC计划，从平台引流、收入分成、内容制作、招商引资等方面帮助平台上的独立PGC制作公司创收。与此同时，PGC的热门节目也纷纷涌现。

随着付费会员规模壮大，视频平台成为电影的第二上映渠道，电影纷纷选择在院线下线后再在视频网站上线。2015年，选择"每月在线观看电影"的用户有43.8%，选"每月在电影院观看"为11.9%；其中，80后和90后群体更喜欢在线观看电影。

### （三）传统媒体概览
#### ·电视：马太效应仍在持续

近几年电视收视率持续下降，央视持续碾压其他电视台，马太效应持续。

在收视惯性下，央视的优势依然得天独厚，但也在积极谋求转型。2016年是体育大年，央视紧握里约奥运会和法国欧洲杯的全媒体独家版权。与此同时，央视一手体育、一手"互联网+"，在紧握传统强势领域之余，央视也在积极探索"互联网+"，通过对自身的新媒体平台整合营销价值更加深入的发掘，正在加速其市场化的进程。

省级卫视巨头阵营分化，二、三线卫视受到挤压。在省级卫视的第一阵营里，湖南卫视稳居第一；浙江卫视、东方卫视凭借综艺节目收视份额提升；江苏卫视和安徽卫视因为自身的综艺节目较弱及电视剧受"一剧两星"政策下滑明显。国内二、三线卫视的收视普遍下降。

在"一剧两星"时代，电视剧遇冷，电视综艺节目火热。2015年，收视破1%的电视剧减半，晚间黄金档电视剧播出集数下降了25%。与此同时，综艺节目火爆，2016年计划中的综艺节目数激增，由2015年的200个以上增至今年的400个以上，造成周播综艺厮杀惨烈。从各大主流卫视节目编排可以看出，周播综艺厮杀的主战场在周六和周日晚间档。在TOP50的综艺栏目中，季播栏目大幅增长。

2016年，互联网将持续介入电视媒体市场，具体表现为：1.周播剧场大IP霸屏，与网络出品剧合作成为新热点。近年来，周播剧场培植逐渐成熟，各大卫视纷纷制定周播剧战略。周播剧多选取年轻群体喜欢的大IP或青春剧题材，网络出品剧成为今年周播剧热门剧目。2.网台联动，收视率不再是衡量节目成功与否的唯一标准。在多媒体碎片化时代，网络关注度、网络播放量、电视收视率成为全新的考核标准。3.盒子和智能电视助力电视收看互联网化。据统计，机顶盒（OTT）用户规模已高达1.44亿；22%的网络视频用户使用过电视观看网络视频。4.王牌电视节目会继续通过跨屏幕、开发衍生内容进行IP运营。

电视广告投资主要聚焦于追踪收视趋势基础上的综艺节目和品牌内容植入。此外，2016年，政府将持续加强对电视的监管，这对电视媒体创收带来影响，对企业宣传也造成影响。

### ·户外：相对稳定，影院蓬勃发展

2016年，户外视频媒体仍是主要投放渠道。随着城市化发展以及消费者出行机会的增加，交通类户外媒体投放大幅增长。在移动互联时代，户外媒体广告互动增加，90、00后人群是户外互动的主要群体，优惠和信息是增加互动的主要动因，00后群体则是基于尝鲜与彰显个性选择与户外媒体互动。此外，一线城市户外媒体渗透率高达99%，增长明显；三线城市的电影媒体渗透及成长皆显著高于一、二线城市；低线城市成票房增长主力，在劳动人口回流期间尤为明显。

2016年，电影会持续全面"触网"，"互联网+"介入电影投资、制作、发行、宣传、放映、衍生品开发等整个生态链，为电影市场的爆发和升级提供了至关重要的助力。例如，互联网+电影院融合加深，2015年，通过线上购买电影票占比高达59%，90后为票房贡献主力。

此外，由于电影院提供体育赛事、电子竞技、音乐会和综艺节目的直播服务，成为娱乐中心。由于电影院能带来极致的视听效果和共鸣氛围，并且利用院线网络能覆盖更广泛人群，这一趋势将带动多元场景的消费。

### ·平面媒体：整体不景气

2016年的平面媒体将会持续2015年的状态。2015年，平面媒体渗透率在各级城市皆下滑。其中，报纸在一线城市相对稳定，在二、三线城市的媒体渗透率下滑接近一半；杂志的渗透率则下滑至两成以下。与此同时，平面媒体的读者向一线城市倾斜；读者有年轻化趋势，以20~29岁为主要读者，并且随年龄递减，杂志尤其明显。

就广告投放量而言，杂志的前十大广告投放皆为时尚杂志，2015年仅有个别杂志有些微成长，大部分杂志皆呈现下滑。而前十大广告投放的报纸都处于下跌态势。

### ·广播：平淡无奇

广播的媒体渗透在一、二线城市大幅下滑，一、二线城市的听众偏重在家里及车里听广告，收听节目类型广泛；三线城市的听众更多是在大众运输工具上收听广播，更多听音乐及听书；三线城市以下收听者相对年轻。

地方交通台仍是最主要的广播广告投放频道，电信、汽车与保险是主要广告主，2015年汽车广告投放相对提升，其他产业保守，酒类品牌退出广播媒体的十大投放名单。

## 四、2016年三大媒介营销主题

2016年，面对纷繁复杂的国内媒体市场，品牌需要拨开媒体市场的重重迷雾，在制定品牌传播和营销策略时，需要对电子商务、社交媒体和内容投入更多的关注。

### ·电子商务：不容忽视的媒体

最初，电子商务的功能很单一，只是为了售卖东西，随着电子商务十多年的发展，其规模和用户数持续快速增长，如今，它的价值已不再局限于卖东西，其媒体作用非常大，毋庸置疑，电子商务已经成为高浏览量的数字媒体。电子商务作为可交易的高浏览量媒体，已经超过主流数字媒体，成为最主要的数字媒体之一（图表7）。

电子商务的大数据可以帮助我们找到"真正的消费者"，品牌能够通过电子商务环境购买者的超级标识，找到准确的目标消费者。比如，阿里巴巴麾下有淘宝、支付宝及其他应用，可以用支付宝账号等支付功能与用户的真实身份准确绑定，还可以把每个应用的用户关联起来，通过追寻消费者的网上行为轨迹，了解消费者行为，进而实现精准的信息推送与营销。

电子商务还可以为品牌带来知名

**图表7: 电子商务成为高浏览量媒体**

※ 流量排名 ※

| | 手机 | | PC端 |
|---|---|---|---|
| 微信 | 540万 | 腾讯网 QQ.com | 450万 |
| QQ | 497万 | Baidu百度 | 461万 |
| iQIYI | 269万 | 360 | 284万 |
| 淘 | 234万 | sina新浪网 | 338万 |
| S | 214万 | 淘宝网 | 313万 |

淘宝占据手机浏览量排名第四位
淘宝占据PC端浏览量排名第五位
2016.1月度UV

数据来源：艾瑞

度和卷入度，通过跨屏互动等增强趣味感，可以帮助新的品牌建立知名度和卷入度，促进销售。

此外，电子商务也是社交媒体平台，可以帮助口碑的建立。不少消费者会在电商购物完成后发表评论，有的消费者还会回复别人的问题，就这样，消费者之间在电商网站上交流购物心得，从这个角度看，电商已然成为社交媒体平台，可以帮助品牌建立自身的口碑。

总之，电子商务的媒体重要性在不断增长，它不仅仅带来销售，还是一个让消费者间建立联系的平台。它的高访问量，能够有效提升品牌知名度；它产生的大数据，能够帮助品牌寻找传播目标；它的卷入度可以提升消费者的忠诚度；它的社交功能，可以帮助品牌建立口碑。在今天，电子商务已经成为整合营销的渠道，让品牌与消费者链接。

### · 社交媒体：内容导向的广告成新方向

前文我们提及社交媒体已成为重要的资讯来源，用户在社交媒体上已不满足于讨论和发表内容，而更加在意上面所能获取的资讯（图表8）。社交媒体已然动摇了传统媒体的资讯地位，对传统媒体形成了冲击，消费者通过社交媒体获取资讯的人越多，看传统新闻媒体的人就越少。

在社交媒体上获取的信息，已经成为消费者购买决策行为的重要依据，帮助消费者做出最后的购买决定。数据显示，大多数社交媒体用户（68%）曾通过社交

**图表8：社交媒体成为重要资讯来源**

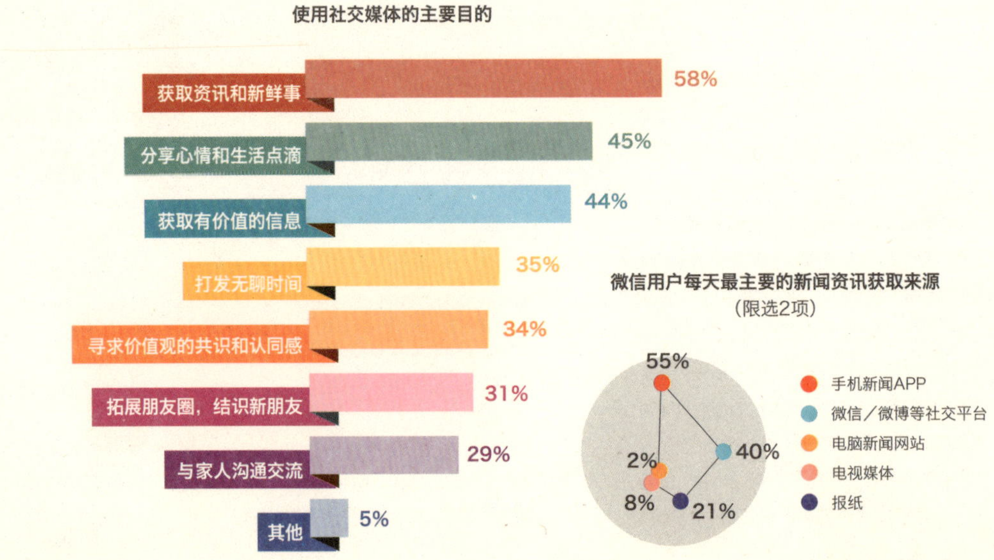

**使用社交媒体的主要目的**

获取资讯和新鲜事 58%
分享心情和生活点滴 45%
获取有价值的信息 44%
打发无聊时间 35%
寻求价值观的共识和认同感 34%
拓展朋友圈，结识新朋友 31%
与家人沟通交流 29%
其他 5%

**微信用户每天最主要的新闻资讯获取来源**
（限选2项）

55%
40%
2%
8%
21%

● 手机新闻APP
● 微信／微博等社交平台
● 电脑新闻网站
● 电视媒体
● 报纸

数据来源：凯度，企鹅智酷

平台以各种形式了解、关注甚至与品牌互动；其中超过六成（62%）的消费者表示在同喜欢的品牌互动后更愿意购买其产品。

近年来，社交媒体上出现了不少新颖、有趣的广告，在调研中，我们发现社交媒体的用户并不排斥广告，只要广告内容有趣，用户非常愿意去看，所以"内容导向的广告"是社交媒体传播的新方向。社交媒体不同于传统媒体，其受众可以主动选择他们希望获得的内容，而内容要足够有趣才能够吸引消费者阅读、接受并参与其中。社交媒体上广告内容化的迹象逐渐显现，未来广告、传播、媒体等产业与内容之间界限会越来越模糊，广告行业会越来越像内容生产者而不是传统的广告公司。

为满足人们对社交媒体内容的需求，社交媒体内搜索应运而生。随着各社交媒体平台优质内容的不断积淀，通过搜索从社交媒体上获取资讯的需求越来越强烈。另一方面，相对封闭的社交平台在传统搜索引擎面前好比一座座信息孤岛，用户难以自如地检索到社交网站上的优质内容，因此，针对社交媒体的搜索服务的重要性愈发显著。与搜索引擎相比，广告主和用户在社交媒体上都有自己的账号，更容易建立关系而不仅仅是曝光。另外，用户在社交媒体的行为类型比在搜索引擎更丰富，借助这一优势进行精准的信息流投放能更好地满足用户的兴趣。

盘点近几年国内社交媒体的发展会发现，社交媒体上的营销越来越丰富多彩，比如近年流行的社交媒体红包。红包已作为广为传播的信息载体，在品牌知名度建立阶段效果显著。在传统意义上，红包是人们传达祝福和维系亲情的一种手段。如今，本由长辈发给晚辈的"压岁钱"超逾了传统意味，更像是一种社交游戏，成为社交网络中情感联络的载体。同时，红包也连通了用户和品牌商——来自金融、汽车、快消品、互联网等行业品牌在春节期间纷纷加入红包大战，在扩大曝光、加深认知、促进转化方面均收获颇丰。

### ·内容：找到最适合的那块屏幕

如今已经进入内容营销时代，在调研中，我们发现消费者在面对不同类型的屏幕时，有不同的内容偏好类型；而不同屏幕也有着特有的气质和更适合它的内容。

分析不同年龄和不同屏幕两个维度之间关系，会发现观众感兴趣的主题内容随着人生的不同阶段而变化。1.面对电视屏幕，50后和60后观众喜欢养生节目；70后喜欢新闻和财经节目；80后喜欢体育和育儿节目；90后喜欢娱乐和求职节目。2.面对电脑屏幕（视频），70后用户喜欢新闻、财经内容；80后喜欢体育、育儿和旅游内容；90后喜欢娱乐和学习内容。3.对面电影屏幕，70后观众喜欢悬疑和伦理题材；80后喜欢科幻和冒险题材；90后喜欢喜剧和故事片。4.面对互联网新闻，70后用户喜欢生活和财经资讯；80后喜欢新闻、生活和育儿资讯；90后喜欢娱乐和求职资讯。

如今，内容运作呈现多渠道、多模式、多屏幕趋势，例如：晓松奇谈、吴晓波频道、罗辑思维等内容运营会跨越微信公众号、视频、广播、书、贴吧等多种渠道。同时，内容盈利也呈现多模式趋势，各大视频网站的盈利模式有广告收入、VIP会员收入，会员收入又可以分为单点和包月、包季、包年等。内容更是多屏幕，不少网剧都被搬上了电影屏幕。

在不同屏幕的不同气质背后，是在融媒体时代，内容趋向跨媒体传播。电视、电影、网络、视频，传播平台不再单一，而是以各种形式互相影响、作用，催生各种新鲜的跨媒体跨平台的组合形式。例如：网生文化向传统平台扩张，小说、网剧、游戏等改编为电视剧或电影的案例屡见不鲜；网络平台的话语权在扩大，"网台零时差同步播出"，甚至是"先网后台"的电视剧播出形式出现；综艺节目向电影屏幕扩张，为发挥IP衍生价值，综艺电影雨后春笋般蓬勃生长。

尽管内容在融合，但每个媒体仍然保留着各自独有的特质。从调研发现，每一块屏幕给观众的印象都不同，电视屏幕的特质是：多而全、主流意识、中规中矩；视频的特质是：五花八门、亚文化、偶尔闪现的惊喜和惊奇；电影屏幕的特质是：感官冲击、社交方式、仪式感。

对不同特质的媒体，大众也有着不同的态度和期待（图表9）。人们觉得看电视是陪伴家人、休闲放松和无聊等待时的娱乐活动；看网络视频是自娱自乐，也是新鲜事和灵感的发源地；看电影则是呼朋引伴的社交休闲活动，不时也会有感而发。譬如对电影来说，观众觉得感官刺激是最重要的考虑因素，因此创新的观影方式能满足观众感官体验，给观众带去不一样的观看享受，观众会在社交媒体上分享这些观看体验。对品牌而言，如果能实现不一样的观看体验，是增加自身曝光度非常好的机会。

可见，不同的媒体对每位受众的意义是不一样的，品牌在进行内容营销时需做到有的放矢，找到最适合品牌内容传播的那块屏幕。

**图表9: 大众对不同媒体的态度和期待**

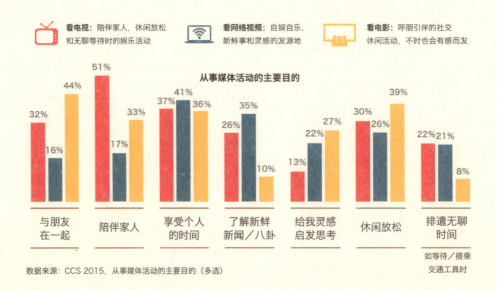

数据来源：CCS 2015，从事媒体活动的主要目的（多选）

# 户外广告：O2O时代的来临

文 | 博视得数据中心

全球户外媒体领先企业博视得公司发布了《2015-2016中国户外广告营销及趋势报告》。在报告中，博视得站从整体行业的角度深入剖析了国内户外广告市场所处的"移动互联时代"这一大背景，全维度地回顾了2015年户外媒体的整体状况，并对机场、高铁、影院和社区等具有发展前景的重点媒体进行了分析，预见了户外媒体的转型方向以及未来的发展趋势。

## 一、户外媒体让移动互联营销更精确

回顾2015年国内户外媒体市场的整体状况，必然离不开"移动互联+媒体数字化"这一大背景，具体有以下三方面表现：

**1 手机成为移动互联网重要的接入设备**

2015年，中国手机网民规模已高达6.20亿，在网民中渗透率达到90.1%（图表1），较2014年底提升了近5个百分点。在手机网民中，通过3G/4G上网的比例为88.8%；在固定场所下，WiFi无线网络依旧是网民入网方式的首选。随着国内"智慧城市"建设的推进，将进一步推动公共场所、公交的无线网络部署；而且手机、平板电脑、智能电视等也在推动家庭无线网络的使用。

### 2 移动互联网增加受众接触户外媒体的时间

移动设备具有随时随地的使用特性，是现在媒体消费场景碎片化的重要推动因素。在碎片化媒体时代，消费者使用户外媒体的时间非但没有减少，他们对户外场景中媒体的消费时间反而有所递增。

如今，消费者通过互联网接入屏幕的渠道增多，有智能电视、可穿戴设备、PC、智能手机、平板电脑，甚至包括虚拟现实设备、互动影院、智能视窗、候车亭液晶显示器（LCD）、公交电视等。

### 3 移动互联网发展推动线下更多场景应用

2015年，互联网对个人生活方式的影响进一步深化，线下移动支付、手机预约出行、餐饮娱乐、公共医疗等用户习惯逐渐养成。其中，移动支付使用比例占网上支付的57.7%，用户规模达到3.58亿，增长率为64.5%；本地生活服务类O2O普及度达40%；在线租车用户规模超1亿人；互联网医疗用户规模为1.52亿，占网民的22.1%。

巨型社交性App在未来将进一步整合综合服务功能。截至2015年9月，微信平均日活跃用户量达到5.7亿，对接的移动应用数量超过85,000个，直接带动生活消费支出达110亿元，线下摇一摇功能也在不断完善。截至2015年第二季度，微博的日活跃用户同比增长34%，达到0.9亿。

由于蓬勃发展的移动互联的强力带动，在移动互联场景下，户外媒体成为范围最广的受众接触渠道；由于户外媒体存在于消费者真实的生活

**图表1：互联网接入设备比例**

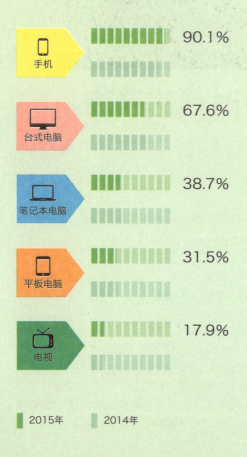

| 手机 | 90.1% |
| 台式电脑 | 67.6% |
| 笔记本电脑 | 38.7% |
| 平板电脑 | 31.5% |
| 电视 | 17.9% |

■ 2015年　　■ 2014年

场景之中，它也是最真实的互动与体验营销，贴近消费者的日常生活，可以通过实体媒介带给消费者真实的体验；户外媒体还能最精准地做到对线上行为与线下轨迹的捕捉。

在一项关于户外媒体的调查中，85.4%的消费者认为户外广告向其提供的信息有用；82.4%的消费者认为户外广告能够制造话题；86.7%的消费者认为户外广告能够引导其寻找和购买某产品；64%的消费者认为户外广告能够引导其上网搜索已知品牌的更多信息。

## 二、2015 年户外广告投放数字回顾

### 1 户外广告整体保持上升势头

· 2015年，国内户外广告继续保持发展势头，总体投放额达1,271亿元（图表2）。户外广告投放额与2014年同期比较，上涨了9.44%。

· 网站类、软件类行业增长迅猛。新兴的互联网企业把户外媒体作为重点投放渠道，以增加其品牌知晓度和品牌形象，占据了户外投放品类的首位并且增幅显著。此外，大量得到O2O融资的软件品类品牌利用户外做品牌告知，投放增幅显著。2015年，娱乐、休闲与服务行业依然保持户外投放的前三位（图表3）。

· 从厂商和品牌级别来看，互联网和传统媒体投放增势迅猛。户外媒体因为广泛的网络覆盖面与较好的效果呈现，适合品牌用于告知与曝光。在2015年投放力度最大的前15位厂商品牌中，互联网企业占据五位，它们将户外广告作为互联网之外的主要曝光渠道。另外，浙江卫视和央视等传统媒体也大量利用户外媒体提高其媒体及节目曝光量。

· 机场与火车站媒体占比增加，单一媒体则有所下滑（图表4）。2015年的数字户外媒体中，楼宇液晶继续保持上升势头，公交电视投放额占比比同期有所增长。机场媒体与火车站（尤其是高铁）媒体快速发展。二线城市由于受到户外政策管制等影响，部分地区媒体数量减少，单一媒体比重下滑。低线城市投放额增长率

**图表2：2014年与2015年同期户外广告投放额对比**

单位：百万元

2015年总额　127.116

9.44%

2014年总额　116.152

数据来源: CODC　备注: 广告投放含刊例价的涨幅与新增媒体点位数量

**图表3: 2014年与2015年产品大类投放额对比**

单位: 百万元

数据来源: CODC

达到20.91%，远超一线城市。

回顾2006-2015年这十年间国内户外媒体的发展历程，户外媒体的数字化趋势显著。此外，户外视频类媒体不断扩大份额，交通枢纽类媒体发展显著（图表5）。

**2 新《广告法》对户外媒体监管更严格**

新《广告法》于2015年9月1日起施行，它的实施使得户外媒体面临着更严格的监管：户外广告的审批更加严格，内容准则从7种增至17种，覆盖各种领域，明确了虚假广告的定义和典型形态，杜绝"打擦边球"的形式。新《广告法》的主要影响如下：

· 新增关于未成年人广告管理的规定；

· 品牌代言人要求更严且需承担

**图表4: 2014年与2015年媒体大类投放额对比**

单位: 百万元

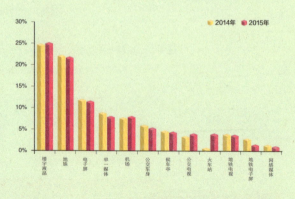

数据来源: CODC　　单位: 百万元

数据来源: CODC

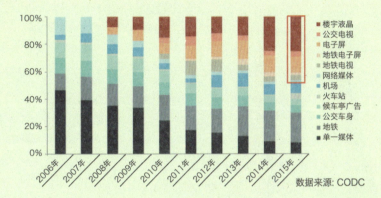

图表5: 2006年 – 2015年户外媒体走势

单位: 百万元

图例:
- 楼宇液晶
- 公交电视
- 电子屏
- 地铁电子屏
- 地铁电视
- 网络媒体
- 机场
- 火车站
- 候车亭广告
- 公交车身
- 地铁
- 单一媒体

数据来源: CODC

连带责任;

・户外语言使用规范汉语;

・教育/投资/房地产: 不可进行明示或者暗示的保证性承诺;

・母乳代用品/烟草: 禁止在大众传播媒介发布广告 (后者也不可在公共场所发布广告);

・不可以在广告中攻击或贬低竞争商品或服务;

・未经许可, 不能向住宅/交通工具发送广告。

**3 2015年中国户外广告行业主要呈现出五大变化**

・随着电子商务在中国的大力发展, 电商行业已经成为推动户外广告增长的一个主要动力。

・受反腐力度加大等原因, 高端消费品, 如酒类、烟草类广告主未来投放力度将继续减弱。

・电子屏、交通枢纽类媒体 (高铁、机场), 以及接近于O2O转化的影院媒体和社区媒体在未来将得到进一步发展。

・低线城市依然成为户外广告投放的增长点。

・新《广告法》的出台将让户外媒体的管制与审批更加严格。

## 三、重点户外媒体类别盘点

### 1 机场媒体

伴随中国民航旅客运输连续五年保持增长, 机场媒体也随之快速发展。

2009~2014年, 国内民航基础设施投资力度逐年加大, 机场数量和吞吐量也在不断提升。东部地区仍然是机场运输的枢纽, 北京、上海和广州三大城市机场旅客吞吐量占全部机场旅客吞吐量的29.0%。

2015年, 机场媒体广告投放量持续增加, 达到98.94亿元 (图表6)。

机场媒体依旧是吸引高端品牌的媒体阵地, 历年来, 汽车类、金融类、专业服务类和地产等品牌集中在机场投放, 且金融、服务业类品牌投放增长显著 (图表7)。

在关于 "消费者对机场户外广告倾向度" 的调研中, 消费者 "认为机场户外广告提升了周边环境的外观和

**图表6：机场媒体广告投放额（百万元）**

7,798.2  8,567.1  9,894.3

2013年      2014年      2015年

**图表7：2015年机场媒体主要广告主及增长率**
单位：百万元

46.6%    10.3%    45%    10.8%    2%

家居用品    服务业    金融    房地产    交通

数据来源：CODC

"感官"的指数为132.2，高居各类户外媒体首位；消费者认为"机场户外媒体使我觉得我在了解新产品"的指数为128.9，同样领先其他户外媒体。

**2 高铁媒体**

技术新、起步晚、发展快是中国高铁的基础现状，具体表现为：

·高铁发展导致民航部分旅客被分流，2014年的高铁旅客吞吐量首超民航。

·小长假期间的民航客流被高铁重点吸收。

·1000千米以下的出行，乘客会首选高铁，高铁的硬件设施与机场的差距在不断缩小。

·高铁车站多为新建或改造车站，智能化导流设计布局。

·免费WiFi覆盖了全国大部分新高铁站。

·高铁站更接近市内商圈，交通等配套设施都较全。

·高铁更能渗透低线市场与周边沿线，在低线市场发展潜力巨大，可弥补机场对低线商旅人群的覆盖不足。

·高铁和城市经济圈相连，能更大范围地与周边沿线产品营销结合，形成网络传播。

·相对于机场，高铁营销的审批相对灵活，更容易接受创新营销模式。

而且高铁人群在各时段差异化明显：春节期间主要是探亲+家庭旅游人群；寒暑假期间主要是各类学生人群；小长假期间主要是探亲+家庭旅游群体；日常工作日期间主要是商务人群。一项针对高铁乘客乘坐期间的行为调研显示，乘客中77.8%的人 看手机，61.8%休息，28.1%与他人聊天，8.9%看书，7.8%看平板电脑

（PAD），5.2%看电脑。根据以上高铁乘客人群和行为，品牌可根据营销时段特点及受众结构，进行差异化广告投放。

如今，高铁候车大厅AR互动、WiFi主题餐车、高铁场景营销等新的互动技术在高铁营销中已展开应用。iBeacon、WiFi以及AR互动等新的技术应用，将为品牌带来更多的营销转化契机。

整体而言，高铁封闭的环境是绝佳的媒体传播渠道。如今，户外媒体已经进入场景营销时代，消费者乘坐高铁期间不仅会置身于相对封闭的场景中，并且会停留一段时间，在此期间消费者的心情会比较愉悦、轻松，他们通过高铁自身的WiFi铺设或3G/4G网络用智能手机等设备上网时，会以愉悦的心情跟户外屏或户外媒体活动进行互动体验品牌，这种互动有机会进行转化——直接购买、关注品牌或产品的官方微信、微博等，营销企业就能够利用高铁所提供的独有场景，打造完整营销闭环（图表8）。

在未来，利用高铁的节点高峰来创造场景营销的热点及后续的转化，是高铁媒体及品牌需要重点关注的。

### 3 影院媒体

国内电影市场已经实现了连续6年的增长（图表9），2015年的表现尤为强劲，票房高达440亿元。

根据艺恩咨询的调研数据：

图表8：高铁提供独有场景，打造完整营销闭环

2015年，中国电影票房中进口影片占35.44%，国产影片占64.56%，国产大片票房奋起直追；3D与IMAX大受追捧；90后和低线城市人群成为院线受众增长主力（图表10）。

2015年，国内电影市场的爆发式增长是由诸多因素合力共推的，"互联网+"对电影从投资、制作到发行、宣传、放映以及衍生品整个生态链的介入，成为电影市场爆发的重要助力；资本市场的青睐也使资金不断融入电影产业链，助推电影市场的持续发展；新三板的推出也在吸引影视企业和明星的加入，2015年拟达到150家；娱乐宝等众筹模式成为电影前期筹资及造势宣传的创新模式。此外，通过在线大数据分析，让内容制作以观众为中心导向；网络IP成为电影创意的丰富来源；在线购票成为用户观影最主流的买票方式；社交媒体成为电影口碑宣传的重要阵地；在线大数据为影片营销提供支

图表9：2009 − 2015年中国电影市场票房（亿元）

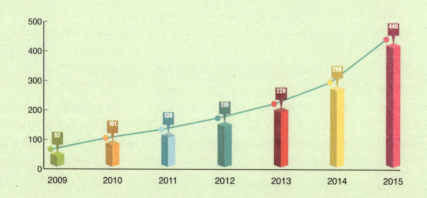

図表10: 低线城市票房占比不断增长，"小镇青年"成增长主力

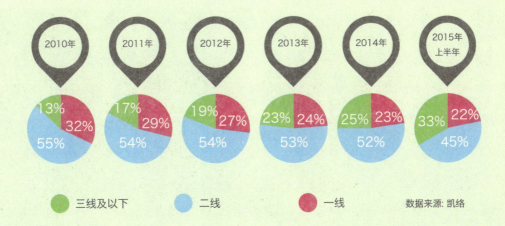

| 2010年 | 2011年 | 2012年 | 2013年 | 2014年 | 2015年上半年 |

● 三线及以下　　　● 二线　　　● 一线　　　数据来源: 凯络

持, 衍生品售卖成为在线购票平台的另一赢利点。

**4 社区媒体**

住宅是消费者每天生活的起点和终点, 于是电梯海报、等候厅信息机、社区灯箱、公益宣传栏、社区阅报栏、停车场媒体、社区道闸媒体等社区媒体成为连接消费的"最后一里"并逐渐融入移动互联网元素。

媒体"入口化"使得社区媒体已经逐渐成为本地生活服务、电商、快消品等促销信息的重要入口。

渠道"多样化"令电子化互动屏、众多便民App, 如小区宝、社区通、快递寄柜等渠道营销新方式纷纷入驻高端社区, 营销商力求通过多样化手段成为线下的销售终端。

未来, 社区的营销方式将是在封闭的社区空间, 通过摇一摇等互动功能与屏幕联动, 实现从展示到购物的转化, 即: 实物媒体+移动端互动+直接购物转化。

## 四、O2O 打通线上线下营销场景

在移动互联和媒体数字化的叠加影响与合力推动下, 户外媒体逐渐从独立的媒体渠道向互联的O2O体系转型 (图表11), 这是一个不可逆的行业大趋势。

传统而言, 关注户外媒体优劣的维度是地理位置优劣、人流多少、人群是否高端以及周边的环境, 而在移动互联+数字媒体时代, 户外媒体会逐渐转向O2O, 户外广告O2O将开启场景营销 (图表12)。

其中, 很关键的转型点就是能否形成真正的转化。如何能够达成转化? 答案是: 通过场景营销和情景营销。在这个过程中, 在考虑户外媒体的地理位置外, 首先要考虑消费者的兴趣特点以及消费者经过此时此地的场景, 再用数据、创意和技术打造户外场景营销(图表13), 通过记录人车流量、户外媒介（OOH）受众面貌、线

图表11：户外媒体从独立媒体渠道向互联O2O体系转型

数字

纸媒

户外

电视

电台

@
实体接触点 ⟷ 数字终端设备 → 数字平台 → 数字化内容

图表12：户外广告O2O开启场景营销

📒 数字　🔧 技术　💡 创意

📍 地点　⛰ 场景　⛺ 情景　🔀 转化

👤 人　◻ 空间　🕐 时间

上消费行为、线下生活轨迹、精准场景投放，实现场景定位+消费者捕捉，让户外大数据为户外媒体精准营销提供可能。

在户外媒体转型的大背景下，我们对2015年尤其需要关注的创新趋势进行了梳理。

### 1 微信摇一摇：2015年场景营销新玩法

2015年的春节晚会上，微信红包摇一摇一夕之间就建立了行业格局。春晚当夜，摇一摇总量达110亿次，摇一摇最高峰值8.1亿次/分钟；红包分享最高峰值达到180万个/分钟，红包收发总个数10.1亿个，交易金额5亿元，微信红包传递国家达到185个。2015年春晚微信红包的收发次数是2014年除夕的200倍！而到2015年的年中，"摇一摇"的日启动量超过1亿次（图表14）。

### 2 可穿戴设备成为智能手机之后的颠覆性媒体

截至2015年5月，包括智能手表、智能手环、运动相机等在内的可穿戴设备在国内网民中的渗透率为8.4%，而在2014年11月这个数字是2.9%，在短短半年内，增长率达到190%。

可穿戴意味着物联网的提速发展，它为场景营销的发展提供了更多技术基础和消费者使用习惯的养成。

### 3 线上线下融合，场景营销催生更多转化可能

如今，线上线下商业融合更为紧密，本地生活服务与零售店成为网络巨头新的争夺，体现在：首先是线上

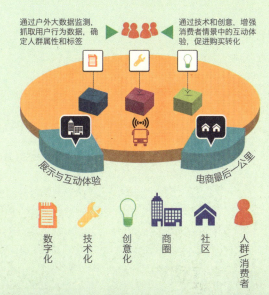

图表13：用数据、创意和技术打造户外场景营销

通过户外大数据监测，抓取用户行为数据，确定人群属性和标签

通过技术和创意，增强消费者情景中的互动体验，促进购买转化

展示与互动体验　　　　　电商最后一公里

数字化　技术化　创意化　商圈　社区　人群/消费者

线下的资本融合，2015年7月，阿里成为银泰单一最大股东；8月，阿里与苏宁云商交叉持股；8月，沃尔玛全资控股一号店。其次是线下支付出现新方式，以支付宝和微信支付为代表的移动支付应用在2015年成为电商巨头大力争夺线下入口的方式，本地生活服务与零售店是它们争夺的"战略要地"。今年，银联借助与Apple

图表14：微信摇一摇 —— 2015年场景营销新玩法

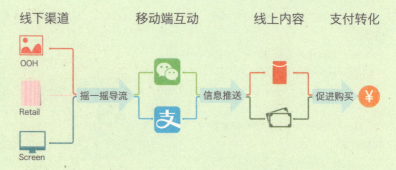

Pay的合作也进入了这场争夺战。第三是线上和线下品牌都在做延展，比如万达在2015年7月推出了非凡App，以实体购物中心为切入口进入电商领域；阿里5月推出喵街，服务于停车找位、在线排队、室内导航、促销等。

**4 户外场景营销构成全新O2O营销传播生态系统**

图表15是我们所描绘的O2O营销生态圈，可以清晰地看到线上和线下分工明确地扮演着各自角色：线上媒体拥有非常丰富的内容，加之其快速传播的特性，可以快速地让品牌信息触达消费者，让消费者了解品牌；线下媒体所扮演的角色就是让消费者在一个真实的环境中体验品牌和产品、服务，通过场景营销成为消费者在真实世界中体验品牌的平台。这两类媒体分工不同，智能设备的硬件串联和O2O数据共享是连通线上与线下媒体的载体。

图表15：O2O营销生态圈